障害者と共に生きる教会をめざして

勝本正實［著］

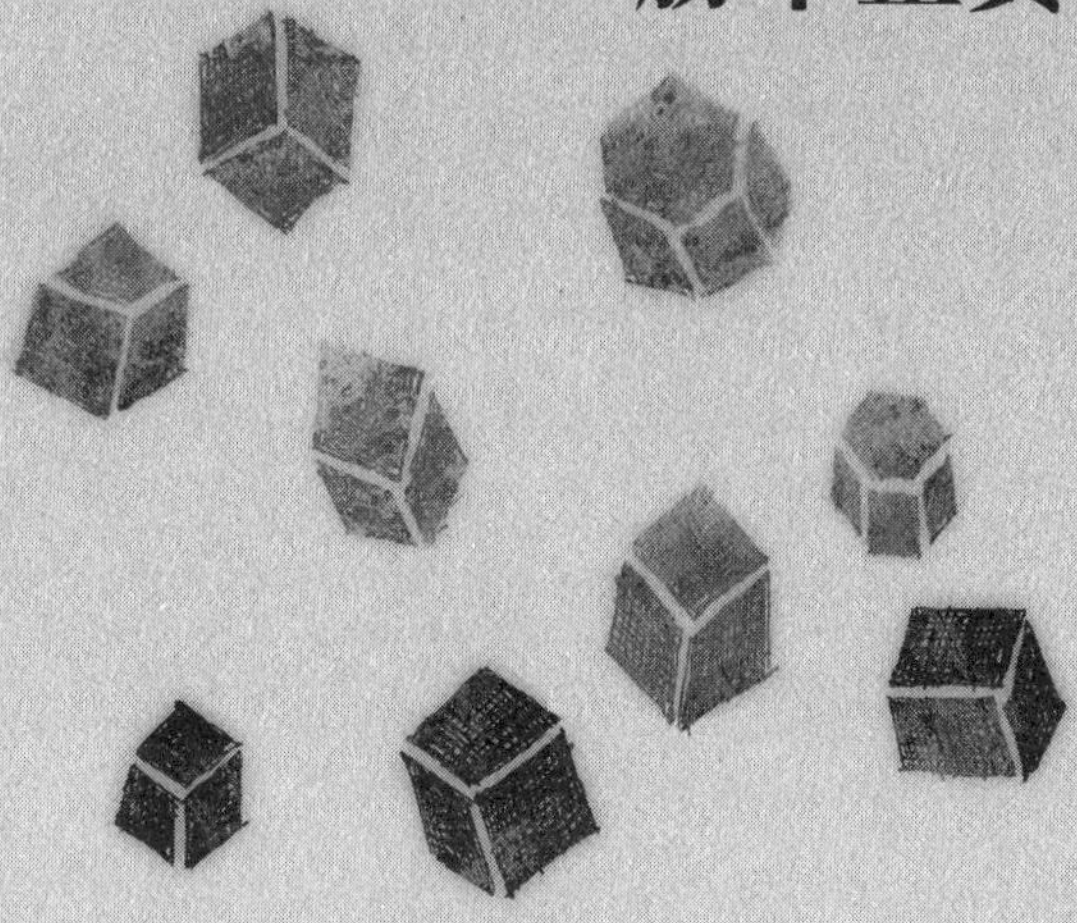

いのちのことば社

はじめに・執筆の動機

障害者との出会い

私が障害のある人たちと向き合うようになったきっかけからお話しします。

それは、約三十年近く前、千葉県流山市で教会の開拓伝道を始めたころにさかのぼります。一戸建ての建物が、住まい兼集会所でした。時間の経過とともに、少しずつ地域の人たちがいらっしゃるようになりました。その中に、障害者やその家族の人たちがおられました。当初は、障害をもつ人たちの話があまり理解できませんでした。私の普段の生活とずいぶん違っていたため、話の内容や言動について理解に苦しみました。加えて、夜中や早朝の電話で延々と続く話を聞いているうちに、電話が鳴っただけで、ビクッと驚いて心が不安になっていきました。このままでは、私の生活までもがペースを崩しそうでした。

そこで、NHK教育テレビ番組で福祉関係の番組を見たり、クリスチャンの精神科ドクターの助言を受けたり、精神障害に関する本を読んだりするようになりました。そうする中で、少しずつ理解が増して、対応できるようになっていきました。当初は数人と向き合うのがやっとでしたが、今では数百人の方たちとつながりをもっています。経験を積み、理解を増し、組織を作って皆で支援する体制ができた結果です。個人でできることは、わずかにすぎないことを学んできました。

地域社会とのつながり

障害をもつ人たちと向き合う中で、個人的に話を聞くことや、教会の集会や祈りだけではその人のニーズに応えることができないと感じて、「当事者と家族の会」を賛同者と一緒に作り、参加者が自分の思いを遠慮なく語れる場を開設しました。今でもその集まりである「心の泉会」は継続されています。そうした中で、障害者の日中の活動の場を作る必要を感じて、地域の障害者家族会に加えていただきました。この家族会とのつながりは私にとって今も大切です。試行錯誤の状況の中で、障害者が通える場を作るために、協力して具体的にＮＰＯや社会福祉法人を立ち上げてきました。現在もその働きに深く関わっています。一部、手を引いた法人の働きもありますが、新たに参加した働きもあって、現在も四つの法人に関わっています。これらの事業・支援を通じて、さまざまな障害、すなわち身体、知的、精神、発達障害をもつ人たちと日々接している状況です。

与えられた状況の中で

こうした関わりは、私が望み、計画したことではありません。目の前の必要に対応するために関わり、今も続けている働きです。障害を理解し、その心の悩みや苦しみを受け止めることは、とても簡単にできることではありません。ただ、少しでも理解したいと願って、私自身も五十の声を聞いてから通信教育で学び、社会福祉士と精神保健福祉士の資格を得ました。その学びから、また障害者やその家族との交流を通じて、障害への理解とともに、「生活のしづらさ」や不安を少しは知ることになりました。そして何よりも、人間理解と私自身の内面理解を深める機会となりました。他人を完全に理解することは不可能なことです。しかし、断片的であっても、少しずつは理解することができます。それが、心が通うということです。私が学んだことを分かち合うことによって、「人を理解する」手助けとなればと願い、この本を著すことにしました。

私は教会の牧師としての働きの中で、障害者やその家族と関わってきましたが、それは教会の働きの一部としては考えてきませんでした。つまり、伝道や教会形成とは別にして、障害をもつ一人ひとりと向き合うことを大切にしました。障害という現実の課題をかかえて悩む人の、弱みにつけ込むようなことはしたくありませんでした。また、心から信仰を求めていない人に、信仰を勧めることもしたくありませんでした。信仰の押しつけも安売りもしたくありません。その人の主体性・自主性に任せながら関わることを大事にしました。

本著の構成

この本は、三つの区分（部）から成り立っています。第一部は「病気がもたらす障害とは何か」、第二部は「教会と障害者」、第三部は「障害者とその家族を支えるために」です。第一部では、病気から生じる障害をどう理解し、教会は障害者とどう向き合えばよいのかについて、第二部では、支援者としての教会と当事者としての障害者のそれぞれの思いと相互に生じる課題について、第三部では、障害者と接する社会の現状と家族としての課題について記しています。

私は現場を歩いてきた人間として、また、試行錯誤しながらも学び、障害者本人と家族に教えられながら歩いてきた一人として、自分の思いを伝えることで、読んでくださる方々に

「助けになる何かのヒント」を受け止めていただければと願っています。

教会が信仰的な事柄以外の目的で訪れる人に対して、その願いに応えながら、しかも信仰的な関心へと導いていくことの難しさの中で、苦しみながら迷いながら、現実の課題と根源的な課題を同時進行で対応していくことが求められています。「まず信仰のほうを優先して」、とはいかない難しさを感じますが、それでも目の前にいるその人への支えは待ったなしです。

これから具体的な話を始めましょう。また障害をもつ人たちが、自分の病気や障害と直面しながらも、教会に期待するだけでなく、自分も教会に貢献できる部分を見つけてほしいと思います。もしあなたが障害をもっておられる方であれば、それはあなたの後に続く人たちへの励ましともなることです。

障害者という言葉の内容

「障害者」という言葉は、失くしてしまいたい言葉の一つです。その意味することは、否定的・偏見的な内容をもっています。また、「精神障害」という言葉の代わりに「心の病」などと表現することがありますが、それも適切とはいえません。しかし、現段階では他の用語が見つからないので用いています。

「障害」は、身体障害、知的障害、精神障害、発達障害、難病に分類できます（「障害者総合支援法」で支援の対象とされる障害）。ただし本書で「障害」や「障害者」と記す場合は、主に精神障害と発達障害（大人）を念頭に置いています。また、障害には、それを引き起こしている原因（病気）があります。まだ分かっていないことも多く、一概にはいえませんが、精神障害や発達障害の場合、脳の機能に何らかの不具合が生じている、つまり脳の病気が原因で障害（生活のしづらさ）が起こっているのではないかといわれます。本書で「病気」や「病」と記す場合は、広い意味での病気ではなく、障害を引き起こしている病気を指すと理解してください。

なぜ主に精神障害と発達障害を念頭に置くかといえば、その人たちが教会において誤解されることや、教会がどのように接してよいか試行錯誤しているケースが多いと思えるからです。教会では、そういった人たちの病気の症状や、そこから生じる障害（生活のしづらさ）について、専門的な知識も足りず、専門家もほとんどいません。気持ちの上では受け入れたいと思っているものの、実力と経験が不足しています。本書では、牧師としての立場と障害者福祉に直接関わってきた経験を生かすことで、教会と、教会を訪れる障害をもつ方々のお役に立てればと願っています。

目次

第二部　教会と障害者

第三部　障害者とその家族を支えるために……91

第一部　病気がもたらす障害とは何か

一　障害者と健常者の違いは？

ドクター（医師や専門家）の診断が基本

障害（生活のしづらさ）には、それを引き起こしている原因（病気）があります。ある人が病気であるか、障害があるかを決定するのは、本人の自己判断ではなく、専門のドクターの判断です。自分で「病気だ、障害者だ」と言っても、ドクターが診断の結果、違うと言えば、病気・障害者とはなりません。逆に、自分で「健康だ、障害はない」と言っても、ドクターに「病気です、障害があります」と言われれば、治療の対象になります。このように、自分や人が健康であるか、病気や障害をもっているか判断しようとしたときは、勝手に決めないで病院や専門家の判断に委ねます。しかし世の中には、周囲の人が病気や障害を心配して受診を勧めても、本人が拒否したり、先延ばししたりする場合が多くあります。その結果、重病・重症化することもあります。しかし反対に、周囲の理解や環境の変化などで、意外と安定して治ってしまうこともあります。

私たちの普段の会話のレベルでは、自己判断・素人診断が堂々とまかり通っていますが、実際に生活に支障が出たり、具合が悪くなったりすれば、専門家の判断を求めて受診するようになります。しかし、精神障害や知的障害、発達障害のある人の中には、受診を拒否する人も少なくありません。そうなると、困惑するのは身近な家族や友達、また職場の仲間たちです。何とか受診につなげようと周りは努力しますが、時間の経過の中で、病状も障害も固定化して改善が難しくなっていきます。こうした状態の人が教会にいらっしゃっても、教会はほとんど何もできないのが実情です。

障害の有無の判断

身体障害と知的障害の場合、障害があるか否かの判断は、それぞれ「障害者手帳」を持っているかどうかで判断します。その手帳の申請には、ドクターの診断書が必要です。生活のしづらさがあっても、ドクターが「障害あり」の診断を下さなければ、健常者とみなされます。そうなると、障害者の福祉サービスや障害年金を受けることはできません。このことでのトラブルも多くあります。障害者と健常者の中間に位置する人は現実には多いのですが、そのような人たちを支える制度はまだありません。

精神障害や発達障害の判断は、手帳だけに頼るのではなく、精神科に通院しているかどうかでも判断します。

精神科に通院していて精神障害者手帳を持っているという人は、「精神障害あり」と診断された人全体の半数を少し超える程度です（これは各市町村から公表されるデータによって分かります）。手帳を持つと自分が精神障害者であると認めることになる、という理由もあって、割合はまだ低くなっているようです。

発達障害者が手帳を持つ場合は、精神障害者手帳か、知的障害者の手帳（療育手帳などと呼ばれる）のどちらかを、ドクターの診断に基づいて取得することになります。

しかし、ドクターはどんな患者に対しても迷いなく診断が下せるかといえば、そうではありません。健常者と障害者の判断の難しい人たちがいるのです。身体上の診断、精神上の診断、知能レベルの診断を総合的に行っても、判断のつけられない人たちがいます。その場合には軽率に診断を下さず、しばらく経過を見守ります。そのうえで診断が出されます。ですから、後になって発病・発症することもあります。こうしたデリケートな判断の部分で、診断したドクターへの批判を本人や家族から聞くことがありますが、診断が難しい、原因の究明が難しいことは、いくらでもあるのだろうと思います。ただ本人や家族は、ドクターだから分かるだろうと期待するのです。期待のあるところに失望もまた起こります。

誰でも障害をもつ可能性・要素がある

私たちは誕生から現在までに、幾度か病気を経験してきました。一時的に障害者になることもあります。しかし、長期的な病気や障害をかかえる人もいます。その人たちは、治療・リハビリを受けながら、福祉サービスを利用して生活しています。私たちは、そういった人たちへの支援をしながら、生活のしづらさのために苦労している状況を知ります。それと同時に、いろいろな病気や障害をもつ人たちと自分との間に、共通点があることを見出します。つまり、自分の中にも病んだ部分があることを発見していきます。自分は健常者の部類にいても、それは障害者と全く違うのではなく、自分の心と体において、病みつつある部分、病んでいる部分があることを見出すのです。いわば半病人であるものの、何とか日常生活を続けられているだけのことだと気づかされます。日常生活に支障がないとの意味において、健常者なのです。

この意識は大切だと思います。そうでないと、支援者本人は、障害者を支援する傲慢さが、うちに潜んでいることに気づきません。支援しながら「自分は障害がなくてよかった」とか「自分は病気でなくてよかった」と内心思ってしまうのです。支援者として信頼される人とは、障害理解があるとか、性格の優しい人だとか、よく話を聴いてくれるなどといった周囲の評価を得ている人ではなく、人生を障害者と同じように悩みながら、共に生きようとする同伴者としての信頼を得ている人です。

障害・病気をもつ人を支援しながら、自分のうちに健康と病気の人の距離が縮まっていく実感が必要です。教会で障害者を支援することは、「自分のように、隣人を愛せますか」との問いかけに対する応答の具体的な一歩です。

二　障害を理解することは可能か

この問いかけをする前に、私たちは「他の人」を理解することが可能だろうかと問いかける必要があります。あなたはどう思われますか。「一部は可能だが、全部は無理」という答えが聞こえそうです。

私たちは、身近にいる家族や長くつき合っている友人のことさえも、十分に理解しているとはいえません。なぜなら私たちは、自分の考えていることや思っていることをすべて話すわけではなく、態度で示すわけでもないからです。加えて、互いの価値観や性格や感性、過去の経験も異なっているために、伝え合う・知らせ合う・理解し合うことが、十分にはできないからです。互いに理解していると思うことで、トラブルが起こっているのが現実です。自分には理解できないことがある、自分の理解は間違っているかもしれないと思うことで、逆にトラブルを避けることができます。人間関係で最も深い関わりである夫婦について、

「男と女は誤解して愛し合い、理解して別れる」という言葉もあります。理解すること・受容することには、時間と努力と忍耐が必要です。

障害理解は身近なことから着実に

さて、病気や障害を理解することは可能でしょうか。難しいことですが、理解を深めることに心を用いて努力するだけ……、というのが私の考えです。分からないことが多くあり、知るべきことは多岐に及びます。困っていることや悩んでいることを、まず本人や家族から聞くこと、そして専門家や医師の著作を読み、話を聞くこと、テレビやインターネットでの情報を参考にすることなど、学び、考えながら、自分の心と脳を押し広げていくのです。

しかしそれと同時に、知的・体験的理解があれば障害者を理解できるとは思いません。私はこれまで、十分な知識と経験のある人が障害者を理解できていない現実を見てきました。「私は障害者のことが分かる」との思い込みや自信が、かえって障害者を遠ざけるのです。

私たちは、一人で障害者と向き合っているわけではありません。多くの場合、障害者の周囲には複数の支援者がいます。よって、自分に可能なことを可能な範囲でサポートすることが、長く関わっていくために大切なのです。

障害をもつ人たちと向き合っていると、障害者の課題の一部は、自分の課題と共通していることに気づかされます。つまり、障害は特別・特殊のことではなく、自分にも他人にも、部分的に共通の課題であると分かります。神さまは、私たちに個性を与えるとともに、互いに共感・共鳴できる存在として創ってくださっています。しかし私たちは、相手がどんなに親しい人であっても、その人を深く理解することは極めて困難です。ですから、理解したいとの思いをもって接していくしかありません。接していく中で、互いに励まされ、支え合うつながりが生まれるものです。

三　障害そのものより「生活のしづらさ」に心を向ける

世の中では、障害者であるかないかを、次のように判断していることをすでに述べました。まず、病院のドクターが病名・障害名をつけることによって、次に行政の窓口で障害者手帳等を取得することによって判断されます。しかし、中には病院に行かない人もいれば、手帳を申請しない人、病気や障害を認めない人もいます。人口一億二千六百万人のうち、八百万人余りが障害者として何らかの支援を受けています（身体障害者等も含む）。国の発表では、障害者の数は増えていく一方です。いずれ一千万人を超えることになるでしょう。ということは、これからも障害者本人やその家族が教会に来られる可能性が増えていくだろうということです。さあ、教会はどのようにして受け入れ体制を準備していけばよいのでしょう。

生活のしづらさに目を留めて

障害や病気を理解するためといっても、身体・知的・精神・発達・難病と多岐にわたる障害について一つずつ学ぶことは、教会としては不可能に近いことです。それだけの時間を割くことは、現実的ではありません。教会の中に幾つかの障害を理解できる人が複数いれば、当面は大丈夫だと思います。しかし、何より大切なことは、病気や障害からくる「生活のしづらさ」を理解することです。病気や障害は、それ自体が本人や家族を苦しめ、悩ませ、不安にさせますが、たとえそれが改善され、安定しても、なお生活のしづらさが残ります。教会は病気や障害そのものを癒やすことはできません。しかし、生活のしづらさを理解し、生活しやすいように支援することは可能です。一般には、障害者福祉サービスのヘルパーや支援員が支援を担当していますが、それでも不十分です。ましてや心のうちの悩みや不安までは手が届きにくい状態です。だから教会に来られるのです。

障害をもつ人たちが教会に来られたとき、礼拝中に落ち着かないなどといった「トラブル」が起こることがよくあります。そのようなとき、私たちは障害者の生活のしづらさを、その人の性格や怠慢や無知からくると考えるため、よく知らずに、自分の経験や常識で判断してしまいます。確かに、ある部分で本人自身に理由がある場合もありますが、多くは障害や病気からトラブルが生じています。このため、私たちは障害や病気について学ぶ必要があり、かつ生活のしづらさへの理解が特に求められるのです。

こうした理解を深め、配慮ができるようになれば、それは思いもよらない恵みをもたらします。教会で起こる問題や非難は、基本的に自己中心から起こります。身勝手な理解や思い込みによって相手のことを理解しようとする、配慮のなさから生まれることが多いのです。教会は、年齢、性別、学歴、社会的な立場、経済力、育った環境、趣味、そして価値観も性格も違う人たちの、不特定の集まりです。これは、そのままではまとまることが難しい集団だということを意味します。それがうまくいくとしたら、そこには思いやりや優しさが必要です。このことが、障害者を受け入れることで、知らぬ間に訓練されていくのです。

障害ではなく、本人を見る

「○○障害や△△の病気をもつ人」としてではなく、生活のしづらさに着目することは大切です。例えば手や足を損傷した人は、日常の生活のしづらさを経験します。知的な理解力が不十分な人も、生活のしづらさを味わいます。同じように、精神障害や発達障害をもつ人も、たとえ通院や服薬により安定した生活を取り戻しても、生活のしづらさが残っています。私たちがこのことを理解して、障害者を受け入れながら支援することで、その人たちは教会に自分の居場所と理解者を見出すことができるのです。

私たちの国は、障害者が地域社会で暮らすためのハード面でのバリアフリーも、偏見や差別がないといった心理面でのバリアフリーも、まだ程遠い状況にあります。障害者やその家族はこのことを知っているので、多くの場合、障害をオープンにできず、隠して生きているのです。教会は、障害者本人や家族にとって、人間性の回復を図れる場となっていくという課題・期待を負っています。福祉的な表現をすると、教会もまた社会資源の一つなのです。

四　地域社会の中にも教会の中にもある偏見や差別

障害者を受け入れようとするときに、それを妨げることの一つが、障害者への偏見や差別心です。そもそも、「障害者」という言葉自体がとても配慮に欠けた表現です。「障」と「害」と、ネガティブな意味の漢字が二重に使われています。私たちは言葉を見てその意味を考えますので、「障害者」という言葉にマイナスイメージをもちます。身体障害であれ、知的障害であれ、精神障害であれ、発達障害であれ、難病であれ、それは病気の一つであり、そこからくる生活のしづらさを表す言葉です。表現のしかたはすでにいろいろな議論がなされていますが、これからも言葉の見直しは行われるべきです。例えば、これまで「精神病院」と呼んでいたものを、「精神科病院」と呼ぶようになりました。これは、他の内科や外科などと同じように考えましょうとの意味です。

しかし、偏見や差別の問題は、単に言葉や無知に基づくものだけではありません。病気や障害の内容を知らなかったので、偏見や差別をしてしまったということではありません。学習すればなくなる・消え去るというものでもありません。差別や偏見は、私たちがもつ根源的な邪悪さや悪意、敵意や傲慢さから生まれる利己心です。教育や訓練や心がけによってある程度は改善されますが、なくなることはありません。

二〇一六年に、「障害者差別解消法」という法律が施行されました。この法律に基づき、学習会が行政や福祉関係の団体で開かれています。「何が差別なのか」を明示し、それを改めること、合理的な配慮をすること、差別を通報することを呼びかけています。「解消法」と呼ばれるように、解消を目指すのですが、根絶はできません。なぜなら、差別は過去のどの時代にも常に存在した課題であって、人類の歴史とは、差別に対する戦いの歴史でもあるからです。私たちの国にも差別や偏見がありました。今でもあります。そして、教会の中にもあります。

教会にも差別や偏見はある

障害者が教会に来られたとき、「偏見や差別」が教会にもあることに気づきます。教会の中に自分のいる場所はあるのかと不安になります。自分のことを理解してもらえるのかと心配になります。そこに少数であっても援助者がいれば、障害者は希望を見出します。福音の恵みに接する前に理解者に接することで、求道を続ける足場を得るのです。

聖書の中には、偏見や差別の事実を記録した部分や、そのことで苦しむ人の姿が記録されています。私たちはそこから学ぶだけでなく、もっと具体的で実際的な理解にも進む必要があります。教会が障害についての偏見や誤解や差別を小さくするには、障害についての学びをする、当事者や家族の話を聞く、専門家の助言を受けるなどの努力が必要です。

「他者を理解する」努力は、思わぬ波及効果をもたらします。それは、互いを理解しようとする謙虚さを教会にもたらすからです。私たちは普段、自分の尺度・価値観・人生観で他人を理解しようとしています。それが、相手の尺度で理解することを教えられるのです。

偏見や差別は人間の根源の課題

偏見や差別の根深いところは、社会や他の人が偏見や差別心をもっているだけでなく、実は私たち自身も、また障害者本人や家族も、自分に対し、他人に対してもっているという現実です。当然といえば当然のことですが、このことへの理解が足りないために、共感・共生が難しくなっています。差別や偏見を被害者意識で理解するときは、社会や他人に攻撃や批判が向きます。障害者どうしが偏見や差別をもち、「自分がいちばん苦しんでいる」と考えてしまうことで、連携が取れなくなることもあります。しかし、差別や偏見は自分を含めたすべての人の中にあることを受容すると、一方的な批判や攻撃はやみ、どのようにして偏見や差別を取り除いていくかを一緒に考える視点をもてるようになります。

私も障害のある人たちと関わる中で、自分の中に障害者に対する偏見や差別があることに気づきました。障害者に向き合い、病気に関すること、生活のしづらさに関することを見聞きする中で、自分自身を見つめる機会、理解する機会が与えられます。障害者本人やその家族は、こうしたことを嫌がうえにも経験しているのです。

五　虐待の対象とされやすい障害者

「障害者」という表現のゆえに、また人間の根源的性質のゆえに、障害をもつ人たちが偏見や差別を受けやすいことはすでに述べました。行き過ぎた競争社会、人間の「できる」能力を重視する社会、ストレスの多い社会等がその背景にあります。さらに、差別や偏見に加えて、もう一つ見逃せない問題があります。それは障害者が虐待の対象にもなりやすいという事実です。

「障害者虐待防止法」という、障害者に特定した虐待防止の法律が二〇一二年に施行されました。しかし、世の中で虐待を受けているのは障害者に限ったことではなく、子どもや女性、高齢者もその被害者となっていますが、なぜこのような法律ができたのでしょう。それは、それほど障害者は虐待を受けやすく、特別の配慮を必要としているからです。

虐待防止法は、「虐待を受けた」と本人が感じたときでも虐待の可能性があるとして扱うことを定めています。よって、相手の人がそんなつもりはないと思っても、虐待の可能性があるとして、行政はその問題を取り扱います。本人の申し立てや通報者の申し立てにより、行政は聞き取り調査を開始します。事実確認を関係者に行って、虐待に該当するか否かの判断を下します。

虐待には五つの内容があります。①身体的な虐待行為、②心理的な虐待行為、③性的な虐待行為、④経済的な虐待行為、⑤なすべき責任を果たさない行為（放置行為）です。社会的に問題化しやすいのは身体的な虐待ですが、実際に多いのは心理的（内面的）な虐待です。加害者となるのは、家族や福祉施設の職員、それに障害者を雇用する職場の職員などです。本来は障害者を理解し守らなければならない人が、虐待をしてしまうのが現実です。障害者は、自分を理解し守ってくれるはずの人から虐待を受けたとき、誰にＳＯＳを出せばよいのでしょう。私たちは、自分の言葉や態度が虐待行為に当たらないかを、一度点検する必要があります。何となく話していること、していることの中に、虐待は潜んでいます。

なぜこのことを取り上げるかといえば、教会の中でも、教会の人の家庭でも、障害者がいる・いないに関わらず虐待は起こるからです。悪気はなかった、冗談だった、愛情からやった、しつけのつもりで、あんなことぐらいで……などと思うようなことであっても、本人は傷つくのです。

教会で虐待についての学びも必要です。それが立場の違う人を理解することになります。虐待は行為だけでなく、言葉や態度でも起こります。それが人の心を深く傷つけます。

六　病気や障害の結果が本人と家族の責任となっている現実

病気になる・障害をもつということは、一部に本人の責任という面はあるものの、多くの部分において、誰のせいでもない、つまり本人でも家族のせいでもない要因から生じています。

しかし、そのことの結果を本人や家族に負わせているのが、この社会の現実です。何かの問題があると、本人や家族がリスクを負担することになります。このため、病気や障害から生じる経済的な負担、時間の負担、苦しみや不安、社会的な不利益などといった負担を負うとともに、希望する学校に行くこと、やりたい仕事に就くこと、好きな人と家庭をもつこと、さらには自由に出かけることまでも制限されてしまいます。つまり、病気や障害をもつ人は、社会的なハンデまで負うことになっています。これがこの国の福祉の現実です。

日本の古い家族制度の体質の中で

私たちはみな、それぞれに異なる状態で、異なる境遇に生まれました。それは神さまのご意思です。私たちは、生まれた時からすでに、健康状態、能力、寿命、家庭環境や家の経済状況が異なっています。それは、私たちが比較によって序列をつける生き方ではなく、互いに補い合い、違いを活かし合うことを神さまが期待しておられるということです。病気や障害をもつことは、周囲の人の、そして社会のサポートを必要としていることを表します。

しかし、私たちの国には「社会福祉制度」はあっても、まだまだ本人や家族にリスクや負担を負わせているのが現状です。それはこの国が長い間「家族単位」で物事を見てきたからであり、慣例的に連帯責任を求めてきたからです。経済面でも、家族に負担を求めるほうが国の支出負担が少なくてすみます。まだまだ、社会の責任において一人ひとりを個別に見ることができていないということです。核家族の多い社会において、その一人が病気や障害をもった場合、支えていくのは至難の業です。

社会福祉制度が進んだ国においては、病気や障害を社会自体が支えていく仕組みになっています。家庭に大きな負担を負わせず、また異なる一人ひとりを大切にしようとしているのです。ただ、福祉サービスが充実している分、国民が負う税金の負担は大きくなっています。障害者の場合、軽度の病気や障害、また短期の場合はよいのですが、重度で長期に及ぶ場合は費用が膨らみ、高額な税金負担のために、制度の見直しを求める人も一方で出てきていま す。万人が喜べる社会福祉制度は、簡単には作れないのだと思います。

日本では、経済的に困難な状況にある人を支えるために生活保護制度がありますが、金額的に十分とはいえず、社会の偏見にもさらされています。国や自治体の負担する費用は毎年増加していることが、国会でも取り上げられています。

教会はどのように迎えるのか

こういう状況の方が教会に来られたとき、私たちはどのように迎えたらよいのでしょう。社会の中での境遇の違いや経済の格差は、教会の中に暗い影を落としています。「主にある兄弟姉妹」という言葉が上滑りしてしまいかねません。目先の日々の生活を心配する人と、将来に希望をもてる人が隣り合わせにいるのですから、教会の現実は複雑・微妙です。私たちは、使徒時代の教会のように、苦楽を分かち合うことができるでしょうか。

教会は病気や障害をもつ人たちを支える制度について、知識が必要です。福祉に関してどのような社会資源があるかを承知しておくことで、必要な支援を活用することができます。それとともに、教会内でできる支援についても考えることが求められています。教会の規模や状況にもよりますが、個別の教会で難しいことは、地域の複数教会や教団の教会で支える仕組みが作れないかを検討することが求められます。そうでないと、教会外のことは個人の問題として処理されてしまいます。

これまで、福音派と呼ばれる教会は伝道を優先し、「魂の救い」に心を向けてきました。しかし生身の人間は、魂だけでなく肉体や生活をもかかえています。全人格的な救いを考慮に入れないと、生きていくこと自体が難しい事態が生じます。信仰生活を全うするために、信仰とともに、健康や日ごとの生活をも支えていくことが必要です。これは、高齢者の課題にも共通することです。世の中と同様に、教会もまた「生きていく」ことの課題をかかえています。そのことに対応していかないと、個々の信徒は、そして教会は、信仰を維持できなくなります。

七　障害がもたらす本人の苦しみと家族の悩み

本人の苦しみ

病気や障害の内容や程度によっても、本人の苦しみや悩みの大きさ・深みは異なりますが、「なぜ私が」という思いは共通しているでしょう。病気や障害から生じる生活のしづらさは、他人からは理解されにくいことです。障害や病気の種類によっては、そこに忌まわしい偏見や差別が伴います。

本人の障害が重度・重症であると、苦しみ自体を本人が理解することが難しい場合があります。またたとえ理解できても、それを表現することが困難な場合もあります。それを感じ取るのは家族です。本人は自分の状況が理解できなくても、そばに付き添う家族は本人の分まで、その苦しみ・悲しみを味わうことになります。

障害や病気が中度や軽度であれば、本人は理解度に応じて、自分の置かれている状況に直面することになります。自分の状況が分かれば分かるほど、その悩みや苦しみは深くなります。確かに自分でできることも多くなりますが、内面の葛藤は一段と多くなります。病気や障害をもつことで、状況によって、全部か一部を断念せざるをえないことが幾つもあります。例えば、自分で自分のことを決めること、行きたい学校を選ぶこと、住む場所を決めること、結婚すること、友達を幅広くもつこと、経済的に自立すること、好きな時に好きな場所に出かけること、親孝行をすること、スポーツをすること、趣味をもつこと、好きな仕事に就くことなどです。健常者ならできるであろうことの一つ一つに、障害のために制限がかかります。それだけに目を向けると、生きていくことに意欲も希望も見出しにくくなります。

家族の苦しみにも目を留める

本人だけではありません。親や家族もまた、病気や障害のために苦しみ、悩みます。親は自分の子どもに夢を託し、期待をかけます。それはとても自然なことです。子どもに病気や障害があることを知ったときの親の驚きと悲しみはとても大きなもので、しばらくは信じられません。受け入れることができないのです。しかもそれが完治する望みがないか、望みが薄いことを知ったときは、親としての責任まで感じてしまいます。親は子どもの将来を思い、どうしてよいか途方に暮れます。子どもに託そうとしていた夢を諦めることも覚悟しなければいけません。この時から、命の続く限り、子どものことを心配するのです。

背負いきれないと感じるこの重荷は、家族全体にのしかかります。障害をもつ人のきょうだいも、この不安と心配に巻き込まれていきます。ひょっとしたら、自分も病気・障害をもつことになるのではとの不安も湧いてきます。家族にとって、簡単には解決が難しい課題をかかえますので、誰かの支えが必要となります。

悩みを受け止める場としての教会

障害や病気のために、同じ苦しみと不安をかかえる人たちが、「当事者会」や「家族会」を作って活動しています。なぜこのような組織・団体が必要かといえば、周囲に理解してくれる人が少ないこと、悩みや心配を分かち合う仲間が必要なこと、助けになる情報が必要なこと、病気や障害と向き合うのには長い時間がかかることなどを挙げることができます。

病気や障害をかかえる本人にとって、回復の見込みがないということになれば、それを受容することはとても大きな苦しみです。それだけでなく、治療や服薬をこれからも続けることが必要になりますので、心理的負担は健常者には理解できないことでしょう。そうした悩みを受け止めてくれる場の一つとして、教会が選択されています。親にとっては、自分たちが亡くなった後に誰がこの子を支えてくれるのかという不安が、一年一年、大きくなっていきます。ほかの子たちに頼むわけにはいきません。親と同じ苦労をさせたくないと考えるのです。このため、「親亡き後」の課題に、自分たちが元気なうちに何とか目処を立てたいと願い、行政や福祉関係者、そして教会にも支えを求めます。

こうした願いに対して、教会は直接応える手段をもっていません。教会は福祉については素人です。ですが、それであってもできること・可能なことを求められています。教会は、まず話を聞きながら具体的な支援を模索し、必要なら行政や福祉関係者と関わるというような、魂と人生の両方に支援が求められる時代に存在しています。教会が宗教的な活動の場であることは、多くの人が知っています。にもかかわらず障害者やその家族が教会に来られるのは、積極的に教会に来たかったわけではなく、病院や行政だけでは自分の思いを満たすことができないからであることがほとんどです。教会はそのことを受け止めて、対応能力を高める必要があります。そういう時代に私たちは生きているのです。

第二部　教会と障害者

一　主イエスは病気や障害とどう向き合われたか

主イエスの姿勢

主イエスは、悩みや心配事をかかえていても、慢性の心身の病気はもっておられなかったようです。三十数年の間、家族のため、ご自身の使命のために、休む暇もなく生きた方でした。十字架に至るまでの最後の約三年間に、イスラエルと近隣の町に福音を伝えるとともに、人々の悩みを聞き、また病気を癒やされました。このことが福音書に記録されています。

主イエスの本来の使命は、神の国の福音を人々に語り、人々の救いのために十字架での贖《あがな》いをすることでした。しかし、人々にご自分が神のみもとから来た救い主であることを示す「しるし」として、奇跡も行われました。この恩恵にあずかったのが、体や心を病む人々や、社会的な差別を受けている人々でした。

イエスさまの時代には、今の医学のように、病気を身体、心、精神などと細分化して診断することはありませんでしたから、癒やされた人たちが具体的にどんな病気であったのかを断定することは、一部を除いて困難です。福音書の記者たちも、病名には関心が薄かったと思います。特に精神面の障害で、統合失調症だったとか、うつ病だったなどの判断は、聖書の記録から推測することはできません。福音書の記者たちが注目したのは、病気の癒やしを求める人たちの「願い・思い」を主イエスがどのように受け止められたのか、だったのです。信仰があった人も癒やされましたが、明確な信仰がなくても癒やされました。主イエスが癒やしてあげたいと願われたときに、「そのようになった」ということです。それを見た人は驚き、神をあがめ、また恐れたと記されています。その癒やしによって、信仰をもっていなかった人が、その後信仰に導かれたかどうかは分かりません。癒やしの第一目的は、信仰に導くことではなく、神の恵みを分かち与えることにあったからです。

主イエスの時代の状況

この時代は、病気の種類によっては偏見や差別の考えが露骨に表れていました。ツァラアト、生まれながらの視覚障害、出血の婦人病、不妊症などです。主イエスは、これらの人たちに神の恵みを語り、癒やしを与えられました。福音書に記録されていない癒やしもたくさん起こったと思います。また、職業に対する偏見や差別もあったことが記されています。現在も、内容は異なっていても、職業や病気、人種や環境、生まれによる偏見や差別がありま す。差別や偏見は、無知からくること以上に、人間の自己中心性から出てくる課題ですので、キリスト者のうちに、また教会のうちにも存在する、極めて厄介で根深い「病」です。

また聖書では、病気が神からの罰として用いられている例があり、それが死ともつながっている場合があります。このため、健康は神の祝福であり、病気は神の恵みから離されているというのが当時の人々の一般的な考えでした。確かに、病気になって感謝ということはありません。しかし苦しい病気を通じて、信仰的に学ぶこと、神に近づくこと、自分を理解すること、周囲の人の助けを得ること、人柄が練られることなどを経験します。

主イエスのまなざし

主イエスは、病気そのものよりも、病気をもつ人たちの悩みや生活の苦しみに焦点を当て、そこに信仰を働かせることを重視されました。私たちは、病気や障害をかかえれば、まずその癒やし・回復を何より願います。しかし、その願いがかないそうにないときに、病気や障害と向き合う心のあり方や、心の支えを見出すように導かれます。私たちの願いに神さまが合わせるのではなく、私たちが神さまのみこころに合わせるように働かれます。この歩みの中で、「みこころに従う」「病気を受け入れる」ように、心理的状況を変えられます。

このような心をもつかどうかは、私たちが病気や障害という困難に否定的な考えをもち続けるのか、病気や障害に意味を見出していくのかを分ける分岐点です。皆さんの周囲におられる障害をもつ方々においても、病気や障害を忌まわしく思って生きるのか、あるいは自分の人生の一部として覚悟をもって生きるのかの違いが生まれます。私たちは困難なことの中に、恵みを見つけられるでしょうか。

二　教会の使命の中の福祉の位置づけ

教会の使命

まず、キリスト教会がこの地上に存在する意味について考えます。それは厳密にいえば、旧約聖書において神さまがイスラエルの民に与えられた使命にさかのぼります。

神さまはイスラエルの民を通して世界のすべての人に、ご自身の慈愛と救いを与えようとされました。イスラエルに与えられたその使命は、後にイエスさまによって教会にも託されていきます。イエスさまの言葉と行いは使徒に受け継がれ、さらに教会に託されました。「すべての人にキリストの福音を伝え、神が備えてくださった罪と死からの救いを与えること」が、教会に与えられた使命でした。この使命は、今も変わることがありません。ただこのことは、私たちを神の御国に導き入れることにとどまりません。この地上での人生において、神と共に歩むことをも意味しています。

しかし、日本の教会においては、個々人の日々の生活に教会が介入することを控えてきたように思います。教会での過ごし方や信仰のあり方については熱心でも、家に帰ってからの生活は、個人に任せてしまっていたのではないかということです。このため、信徒の信仰と生活が一貫性を欠いていても、また個人が困難や苦しい中にあっても、それを教会という共同体の課題としてとらえてこなかったということです。

信仰と生活はつながっている

旧約聖書におけるイスラエルの民は、民族国家であるとともに宗教をも共有する共同体の集団でした。このため、国としての法律と、神が与えた律法が一体になっていました。貧しい人や病む人への配慮も、罪を犯した人の処罰も、信仰的な根拠によって判断されました。つまり日常生活と信仰がつながっていたのです。そして新約時代においても、当初は信仰と生活がつながっていたことを「使徒の働き」の記事などから知ることができます。

しかし福音の広まりとともに、異教社会の中で信仰を共にする共同体は、社会のルールと教会のルールをもつことになりました。世の中ではどうするか、教会ではどうするかを考えることになったのです。これには異教的環境が大きく影響しているのではないかと思います。

こうした流れの中で、教会と社会、信仰と生活を区別する考え方があらゆる分野に適用されてきたように思います。福祉においても、高齢者や障害者への配慮を世の中に、つまり「社会福祉」に任せて、教会はあくまでも信仰のことに特化してきました。そのことが今、教会を苦しめることになっています。教会に集う高齢者は、住居や健康の問題、また生活難のために、教会に来られなくなってしまう事態が生まれ、教会に集う障害者も同様の問題をかかえて、持続的に教会に通うことが難しくなっています。

教会の反省点

教会は、魂の救いとともに、人生の支援を同時進行で考えるべきでした。人生の支援の面で、世の中の制度や福祉と連携を取ることを模索すべきでした。そうすることで、日々の暮らしを守りながら、信仰生活を充実させる道筋を作り上げることができたはずです。後手に回ったとはいえ、教会に来ておられる障害者の生活上の課題を少なくすることは、手遅れではありません。このために、神の一般恩寵としての社会福祉を活用し、教会も社会に貢献する道を探りましょう。

教会の使命が「神の愛と救いを広げること」であることは明確です。教会は飲み食いの場ではありません。しかし、私たちはこの世の中で暮らしています。魂の養いとともに、肉の糧・養いも必要なのです。しかも、私たちが置かれている状況や環境は一人ひとり違いますから、中には特別な支援が必要な方も教会にいらっしゃいます。そのような人たちを、教会はどのようにして、どこまで支えるのか、それが教会の大きなテーマであり、私たちの議論や話題となる必要があります。障害者や高齢者は、教会が支援を議論していくべき対象となる人たちです。

教会の規模によって、人材的資源や財政的状況、構成メンバーの年齢などは異なります。一教会で支援が十分にできるところもあれば、最初から難しいところもあるでしょう。その場合は、地域社会の資源を活用することをお勧めします。地域社会のサービスを活用しながら、同時に教会も進んで貢献して共生していくことが、結果として教会の人たちが信仰生活を安定して続ける支えになっていくのです。

教会に外部から専門家を講師として迎え、障害者の福祉サービスや障害理解の話、介護保険制度や認知症の話をしてもらうなどして、理解を深めることができます。伝道や信仰とともに、教会に集う人たちの日常生活に関連するテーマを教会の年間計画の中に位置づけていくことは、とても自然なことです。

三　障害者が教会を訪れる幾つかの理由

人はいきなり自分の障害に気づくのではありません。自分のうちで「何かが変だ」と気づくのには時間がかかります。また現実を受け入れることにも葛藤が続きます。自分の障害（変化）に気づいた人が言い知れぬ不安や悩みをかかえたとき、まず相談するのは家族です。しかし、家族は良くも悪くも近すぎて、病気や症状を理解し、受け入れるのが簡単ではありません。だからといって友達にも話しにくいものです。腹を決めて病院に行くのも、最初は大いに躊躇します。いろいろ思い悩んでいるうちに、数年があっという間に過ぎてしまいます。そうした状況の中で病状が固定化します。

残された希望としての教会

残念ながら、心の病や生活のしづらさを相談できるところは多くありません。保健所や市役所、社会福祉協議会や家族会、福祉を運営している事業所等が、数少ない相談場所です。教会は、相談できそうな場所の選択肢として残る「淡い希望」です。そこには、「信仰の力で治るかもしれない」との希望や、「教会なら分かってくれる」との期待があるのかもしれません。つまり障害で悩む人は、可能性のあるところを訪ねた後に、思うようにならずに教会に来ることが多いのです。

しかし教会の関心は、伝道や教会の信徒たちの生活のことが中心です。加えて、障害に関しての理解をもつ人や、福祉関連の仕事をしている人が、教会にはどのくらいおられるでしょう。牧師であっても、障害に関する専門知識や理解はもち合わせていません。このため、「お話を聞きましょう」とか、「お祈りしましょう」とか、「聖書を一緒に学びましょう」といった範囲での対応しかできないのが現状です。そのうちに、失望して教会に来なくなったり、教会の中でトラブルが生じて教会生活が続けられなくなったり、といったことが起こります。教会では何とかしたいと思っても、現実には対応できないのが実情です。

教会に「淡い希望」をもってやって来るのは、障害者の家族である場合もあります。家族の中に障害者がいるということで、場合によっては家族の機能がうまく働かなくなる状況も生まれます。経済的にも、家族のまとまりにおいても、それぞれの個人生活においても、将来の安定においても、言い知れない不安があります。しかし、こうした家族がかかえる「目の前の課題」に、教会は対応のしかたが分からないのです。

教会は地域社会との接点が弱いため、このような事態にＳＯＳを地域に発信できません。教会自体が、障害者や家族を支援する地域の情報や紹介先を知らないのです。多くの教会は、地元の信者が少なく、電車や車で通う信徒が多い状況です。このため、教会が地域から遊離していることに気づきにくいのです。

教会に期待していること

なぜ障害をもつ人やその家族は、教会にやって来るのでしょうか。

一つには、居場所・安心を求めてです。障害者が安心できる場が少ないのが現実です。二つには、何らかの助けを求めて、三つには、話を聞いてほしいからです。障害者やその家族は、自分たちの思いを聞いてほしいと願っています。四つには、神さまに助けてほしいという理由もあります。人間だけでは不安なのです。五つには、助言や支援を求めてです。そういったものを得られる場所が限られています。六つに、仲間、話し相手を求めてです。人間関係が苦手なので、話し相手の幅を広げることが難しいのです。

　このように、宗教としてのキリスト教は必要とされなくとも、避難先・駆け込み寺的な意味での教会は求められているのです。すでに教会には、障害者やその家族が多く来ておられますし、これからもその数は増加するでしょう。空腹の人にまず「パン」（現実の対応）を提供し、緊急の求めが落ち着いた人に「魂のパン」を提供することが求められています。教会が選ばれているということは、まず感謝すべきことです。そのあとで、何から始めたらよいか具体的に考えていきましょう。地域には、教会が必要とする障害に詳しい人がおられます。

四　病気や障害を理解しながら支援するうえで大切なこと

自分自身のことを理解する、自分の目の前にいる人を理解する、このいずれもが現実的には難しいことであっても、今の時点で分かる範囲で対応するのが私たちにできるすべてです。そして分かったことを更新しながら、理解の度合いを深めます。障害者の病気や障害特性を理解できなければ、支援ができないというわけではありません。ただ適切にできにくいとはいえます。必要な知識や理解は、こちらの自覚と学習意欲によって、着実に増し加わります。

ここでは、「障害をもつ人を理解したい」と願うときに大切にしたい心構えを紹介しましょう。それらの多くは、私たちが全く知らないことではなく、部分的には無意識のうちに実行していることです。

その一　相手の話すことに耳と心を傾ける

人の話を聴くこと、それは大切なことです。なぜならそれは、相手に敬意を払っているということだからです。私たちは、自分の話を聴いてくれる人、自分のために時間を使ってくれる人を喜びます。それは自分が大切にされているという満足です。しかし、話を聴く者の立場は少し違います。自分自身のことも聴いてほしい、自分も話したいと思いますが、そこをこらえるのが聴き手の立場です。そうしなければ、会話がうまくいかなくなることがあります。

教会は、人の話を聴く立場にあります。相手の人が何を話したいのか、何を聴いてほしいのか、それを優先することが期待されています。相手の話を耳と目で、そして体の動きを通じて受け止めることが必要です。時々、意味が分からないこと、了解しにくいこともありますが、それは保留にして、分かることを受け止めていきます。それが次の機会に会話を作るきっかけとなります。言葉の内容よりも、話している気持ちを受け止められるようになれば、良い聴き手になれます。

その二　同じ高さの目線で向き合う

聴いてあげます、教えてあげます、助けてあげます、という聴き手は嫌われます。次に会ったときには避けられるでしょう。しかし、聴き手はそれに気づかない場合があります。何がいけないのか、何が間違っているのか分からないのです。私たちは本来、人に助けてなどもらいたくありません。教えてもらうのも嫌です。ただ事情や訳があって、やむなく話を聴いてもらうことにするのです。そういう心情なのに、高いところから見下すような言動をとられたら、いっぺんに心は閉じてしまいます。

人間として、謙虚・謙遜であることを身につけることは成熟の領域です。いつの間にか謙虚になったということではなく、さまざまな出来事を通じて自分を知り、人を知る中で、人生の果実として身についてくるものです。病気や障害をもつようになった人は、自尊心が傷つき、自意識が強くなる傾向があります。過度に他人を意識し、自分の評価が非常に気になってしまうのです。このため、「上から目線」は反射的に拒否されます。よって、同じ人間（弱さも未熟さももつ）としての立場が大切になるのです。

その三　支援者としての限界を認めて関わる

病気・障害のある人を支援したいと願っても、自分の力の限界がすぐに見えてきます。考えてみれば、専門家であるドクターが学び、研鑽を積んで身につけてきた技術や能力をもってしても、病気や障害を完治・完快に導くことは容易ではないのです。それなのに、私たちが障害者をどれだけ支援できるのでしょうか。

障害者を支援するのは、支援者一人の働きではなく、関係者一同でなすべきことです。よって、私たちの可能な時間と知識と熱意をもって関わっていくのです。夜眠れない、頭の中で堂々めぐりする、元気が出なくなるというほどに関わるのは、限度を超えた間違った支援です。そうならないためにも支援者が複数必要なのです。つまり、チームプレーが大切ということです。

五　教会の使命として何ができるか

教会の使命とは

教会は、神さまからの期待・使命として、「すべての人に福音を伝えなさい」との指示を受けています。それは、大人も子どもも、性別、民族、国、置かれている状況も問わずということです。当然のこととして、障害の有無も問いません。主イエスもまた、マタイの福音書一一章二八節で、「すべて疲れた人、重荷を負っている人はわたしのもとに来なさい」と人々を招かれました。福音書の中の記録として、身体的な病の人だけでなく、心の病をもつ人も、社会的な差別や偏見を受けている人も、主イエスのもとを訪れました。そして現在、ほとんどの教会には、障害をもつ人やその家族が集っています。中には障害があることを秘密にしている人もいますが、教会に期待をもっておられます。

教会はこれまで、「魂の救い」を何よりも優先してきました。それは、一人の人を全人格的に理解するのではなく、人を罪と死から救う、宗教的視点を優先したということです。このため、福音宣教には熱心でも、個人の生活までは心も目も届きませんでした。教会内での関わりを優先して個人を見、家庭での生活や環境や心身の健康までは、心配してこなかったように思います。個人の健康や仕事や経済を心配したとしても、信仰生活に支障がないかとの視点で考えてきたのではないでしょうか。会社が従業員を見る視点と同じで、仕事に影響がなければ、あとは個人の問題として割り切ろうとしたのです。高齢になって教会に来られなくなると、あとは家庭や個人の判断に任せてしまいます。ある程度は送迎も考えますが、突き詰めて先々までは考えません。障害者への対応も同じです。障害者への対応は、地域社会との連携なしにはうまくいきません。病院や行政や福祉サービスの事業所等とのつながりの中で、初めて求道が継続され、信仰に至り、信仰生活が支えられます。つまり、教会だけでは、全人的救いを完結できないということです。

このため、障害をもつ人が教会に来ても、障害特性に基づいた対応や配慮ができず、続けて来ることも、安定した求道もできずに、結局去ってしまうことになります。今の社会の中で、障害者の数は高齢者と同じく増え続けています。国が定期的に公表する統計では、身体障害、知的障害、精神障害、発達障害、難病と診断された人は七百万人を超えています。私たちの周りの二十人に一人が障害者ということです。実際はもっと多いでしょう。通院していない、障害に気づかない人もいるからです。ボーダーと呼ばれる人や、ひきこもりの状態にある人もいます。そのような人たちの中にも、教会に希望を見出そうとしている人がいるのです。

障害者のために、教会ができる支援とは

教会は基本的に、宗教的な目的・使命をもった場所です。しかも、教会に来る方の状況やニーズは多様です。このため、障害者に特化した働きはできません。もし障害者の支援を優先すれば、必ず不満が噴出して収拾がつかなくなります。まず教会の目的や使命を果たしてから、障害者のニーズにも応えてほしいとの切実な期待があります。

教会は病院や福祉施設ではありませんので、障害者のニーズに応えられるノウハウをもっていません。牧師や伝道師は、神学校などでカウンセリングの学びをしたとしても、障害を理解する学びまではしていません。つまり、障害については素人です。世の中の一般の人たちと同レベルの知識や理解しかもっていません。しかし、教会に来る障害者は、「教会なら助けてくれるかもしれない」との期待をもって訪ねて来ます。このギャップがトラブルや失

望を生む原因となります。

しかし、そのような中でも、教会が障害者やその家族のためにできる支援があります。それは何でしょう。

第一に、障害者や家族の話を聴き、その苦しみや不安を受け止めることです。そのために、傾聴できる人が必要です。障害理解や対応は、誰にでもできることではありません。向き不向きがあります。相手の状況に巻き込まれない人、謙虚に傾聴できる人、おしゃべりでない人、気持ちの切り替えができる人、できればこれまでに障害者と関わったことのある人が望ましいと思います。こうした人が複数いると、支援者一人がすべてをかかえ込まなくてすみます。牧師でも向き不向きがありますので、無理をすると牧師自身が病んでしまいます。

第二に、障害者本人やその家族向けの「当事者会・自助グループ」を数人の参加者から作ることを勧めます。障害についての理解は、苦しんでいる人たちでないと分かりにくいものです。健常者に話した結果、かえって苦しくなってしまったり、話したことを後で後悔したりすることも起こります。

当事者会は、①話したことは外部の人には漏らさない、②話している人の言動を批判しない、③少しずつでも全員が話す、話を独占しない、などのルールが必要です。この集まりには、助言者として、牧師などがオブザーバーとして参加するのが基本です。

第三に、さまざまな障害に関する学習会や講演会を開き、教会全体が障害者を理解し受け入れる雰囲気を備えることが必要です。世の中の常識で障害を理解することはできません。障害者本人の家族であっても、学ばなければ障害を理解できません。愛情だけでの障害理解は無理です。教会の周囲の地域社会に、精神科ドクターや保健師、福祉の専門家や看護師、障害者福祉の行政担当者がおられないでしょうか。講師がキリスト者である必要はありません。何らかのつながりを頼って探せば、誰か見つけられると思います。

教会が福祉的なことに関心をもつことに、世の中の人は期待をしていますし、そのような勉強会を開くことに違和感も少ないと思います。「なぜ教会がそんなことをするのか」とは言われないでしょう。私もいろいろな職業・立場の方と名刺交換をしますが、福祉関連の肩書きを見て「牧師のくせに福祉をするのか」と嫌な顔をされたことはありません。もともと日本の仏教でもキリスト教でも、福祉の働きに深く関わってきた歴史があります。ですから地域にいる専門家に応援を求めたらよいと思います。

第四に、障害者の証しの機会や奉仕の場を用意することです。病気や障害があっても、健康な部分や、できることはたくさんあります。お客さま扱いしてしまうと、かえって失礼なことになります。また本人も、自分は何もしなくてよいとか、自分は何もできないとか思い込むことになります。その人の障害特性を考えながら、可能性を探っていく必要があります。また、年齢を重ねると、体力的に弱くなりますが、心理的な状態は安定してくる人もいますので、その段階で担っていただける奉仕が幾つかあるかもしれません。教会に関わることで自分の居場所をもつのは、誰にとっても大切なことです。

六　教会では障害者を必ずしも皆が歓迎していないという事実

原則として、教会はすべての人を招き、受け入れることが求められています。そして、教会に来る人はみな、それぞれに自分なりの期待や希望をもって教会にやって来ます。教会に通う中で信仰をもつに至る方もおられます。この過程の中で、教会が自分にとって益をもたらしてくれるなら「良い教会」と評されますが、不満を感じれば、「問題の多い教会」と評されます。障害者の存在は、時として批判の種にされやすいのが現状です。教会に障害者が多くなると、健常者が減ってしまうことさえ起こります。それは、自分の価値観で教会の価値を判断するからでしょう。障害をもつ人たちには、障害による不安定さや生活上の困難から、周囲に違和感を与える言動が見られることがあります。言葉遣いや服装、清潔感やちょっとした態度が、「何か、そぐわない」「うさん臭い」ように感じられ、それが時として問題視されます。

教会の内部実情

一方、障害をもつ人たちも、教会が自分をどう見ているか、受け入れてくれるのかを心配しています。両者の間をとりなす人たちがいれば相互理解が深まりますが、それがないと、障害者は自分の居場所を見つけられず、失望のうちに去って行くことになります。

教会は、さまざまな人がさまざまな期待と価値観をもって集まっているところです。このため自分の期待にそぐわない人がいると、無関心を装ったり、排斥しようとさえしてしまうことがあります。障害者はその標的にされやすい存在です。また教会は、福音宣教や教会形成をめざしているため、その目的に参加できない人を排斥してしまう傾向があります。障害者は奉仕に参加できにくい、献金があまりできない、集会に参加しにくい、礼拝に安定して参加できないといったことが、障害のゆえに生じやすい現実があります。このことに対する理解や寛容が教会には不足しています。牧師が障害者に多くの時間を割いて関わっていると、そのことを批判する信徒も出てきます。これもまた現実です。

教会の課題を乗り越えて

教会が障害をもつ人たちを受け入れるのは、簡単なことではありません。この世の中が、人間を「何ができるか」「力があるか」「役に立つか」で評価している中で、「存在そのもの」に視点を置くとは、なんと難しいことでしょう。教会は、世の中にあって、世の中とは違う場所であろうとします。しかし注意と努力を怠ると、世の中と同じ原則が王座を占めてしまいます。障害者が教会で、障害をもつ自分を受け止めて回復し、障害を受容することができれば、それは教会の誇りとなります。そのためには、教会は自らを改め、人格的に成長していくことが必要です。障害をもつ人がいることによって、教会は隣人を愛することの実践を求められ、偏見や差別という歪んだ心を自分の問題として直面する機会を与えられます。

教会として、障害者を受け入れるためには、まず事実と現実を受け入れて、障害についての学びをすることが必要です。無知や無理解を正すことは、理解への第一歩です。教会に集う人がすべて障害を理解できるわけでも、受容してくれるわけでもありませんので、苦手な人は距離を取ってもよいのです。しかし、障害や他のハンディキャップをもつ人が一緒にいることを了承してほしいと思います。集う人たちの間で、教会とはいろいろな立場や境遇の人がいることが自然な場所である、という認識をもつ必要があります。

七　教会で障害者と向き合うのは誰か

教会の中で、「誰が障害者と向き合うのか」という質問が出れば、すぐに「牧師か役員にお願いしたい」という要望が返ってくると思います。障害者と接した経験がない人は、自分には無理だと考えます。でもそれは間違っています。障害者と向き合うようになるには、障害理解が必要ですし、経験があったほうがよいのは事実です。しかし、基本として大切なことは、率直に向き合おうと努める姿勢です。分からないことやどう答えてよいのか迷うときは、牧師などと相談しましょう。時間の経過の中で、ご本人が病気や生活のしづらさを話してくださいます。話すときは、「目の前で話しているのは○○障害の誰々さん」ではなく、「誰々さんには○○障害がある」と考えて接してほしいと思います。

障害は一人の人の全人格・全生活に及んでいるのではなく、その人の一部分に病気・課題があるということです。病気が引き起こしているその人の生活上の課題を、本人と周りの人たち（教会も含めて）で小さくしていく必要があります。それを支援と呼びます。

支援の前提として

教会に来た方が何らかの障害をおもちであると予測できる場合は、通院や服薬をしているかを私は確認します。もししていない場合は、本人と家族と話したうえで、必要があれば通院を勧め、同行もします。そして医学の支援を受けている状態で、教会としてもできることをしてみようと考えます。医学上の治療が必要と思えても本人が拒否するならば、私はその方との関わりを断念します。信仰や教会の人間関係だけで安定した求道と交わりが継続できるとは考えないからです。そういう方は、具合が悪いときは、礼拝や集会で教会を混乱させてしまうことが起きやすいのです。

牧師が一人で障害者と向き合っていくのが難しくなる時期はすぐにきます。ですから、教会の中に障害者と向き合うことができる方や、協力してくださる方を探し出しておくとよいでしょう。そして、複数の方と一緒に支援することをめざします。そうでないと牧師もストレスがたまり、うつ状態になりかねません。教会に来ている方の中には、障害者を嫌う方や批判する方もおられます。その人たちに我慢を求めるのは難しいことです。よって、障害者の居場所を設けるためにも、複数の人たちの協力が必要なのです。

いのちのことば社＊愛読者カード

本書をお買い上げいただき、ありがとうございました。
今後の出版企画の参考にさせていただきますので、
お手数ですが、ご記入の上、ご投函をお願いいたします。

書名

お買い上げの書店名

町
市　　　　　　　　　　書店

この本を何でお知りになりましたか。

1. 広告　いのちのことば、百万人の福音、クリスチャン新聞、成長、マナ、
　　信徒の友、キリスト新聞、その他（　　　　　　　　）
2. 書店で見て　3. 小社ホームページを見て　4. 図書目録、パンフレットを見て
5. 人にすすめられて　6. 書評を見て（　　　　　　　　）
7. プレゼントされた　8. その他（　　　　　　　　）

この本についてのご感想。今後の小社出版物についてのご希望。

◆小社ホームページ、各種広告媒体などでご意見を匿名にて掲載させていただく場合がございます。

◆愛読者カードをお送り下さったことは（　ある　初めて　）
ご協力を感謝いたします。

郵便はがき

恐縮ですが
切手を
おはりください

164-0001

東京都中野区中野 2-1-5

いのちのことば社

出版事業部行

ホームページアドレス　http://www.wlpm.or.jp/

お名前	フリガナ	性別	年齢	ご職業
		男・女		
ご住所	〒	Tel.　（　　　）		
所属（教団）教会名		牧師　伝道師　役員 神学生　CS教師　信徒　求道中 その他 該当の欄を○で囲んで下さい。		

アドレスをご登録下さい！

携帯電話 e-mail:

パソコン e-mail:

新刊・近刊予定、編集こぼれ話、担当者ひとりごとなど、耳より情報を随時メールマガジンでお送りいたします。お楽しみに！

ご記入いただきました情報は、貴重なご意見として、主に今後の出版計画の参考にさせていただきます。その他、「いのちのことば社個人情報保護方針（http://www.wlpm.or.jp/info/privacy/）」に基づく範囲内で、各案内の発送などに利用させていただくことがあります。

そして、繰り返しになりますが、教会において障害理解の学習会が必要です。精神科ドクター、保健師、行政の福祉担当、福祉施設の職員、社会福祉士、精神保健福祉士、臨床心理士、精神科看護師などを講師として学ぶことで理解が深まり、偏見が改まることはたくさんあります。私たちは学んで経験することで人間理解を深め、成長することのできる存在です。

支援者本人の心得とは

障害は、身体障害、知的障害、精神障害、発達障害、難病に分類できることはすでに触れました。これらの障害をもつ人たちへの対応のしかたは、当然それぞれに違っています。私たちが教会で、すべての種類の障害者と出会う可能性は少ないと思います。しかし、それぞれの障害の特性を知っておいたほうがよいのは言うまでもありません。私たちは専門家ではないので、まず基本的なことを中心に学びましょう。それとともに、どんな障害をもっていても、障害者本人と向き合うときの基本的な心構えは共通することですから、それをこれから確認しましょう。

その一　まず向き合って話をしている方の言葉を、集中して聴きましょう（これは相手が障害者である場合に限ったことではありません)。気持ちが他のことに向いているのは失礼なことですし、信頼されません。そして、顔の様子や体の動きにも注意を払いましょう。私たち人間は、言葉だけで気持ちを伝えてはいないからです。また、分からない内容はもう一度聞いて確認したり、自分の理解が間違っていないかを本人に確認してもらったりしましょう。そうすることで思い込みや思い違いを減らすことができます。

その二　話をするときには、できるだけ静かで、他の人に話を聞かれる心配のない空間がよいと思います(普段の会話は除く)。本人の様子から深刻な話の気配がうかがえるときは、特に配慮が必要です。一人の対応が難しい場合は、他の人の同席を本人に相談して同意を得ましょう。話が長くなることが多いので、ある程度の時間で区切ることが必要です。一回の会話は、目安として三十分~四十分程度がよいでしょう。継続して会話をすることが大切です。信頼関係ができてきたら、急ぐ場合は別の機会を約束し、十分程度の短い会話にしてもらうようにしましょう。過度に依存心が強くなることを防ぎます。

その三　基本的に、個人の電話やメールアドレスなどは教えないほうがよいと思います。

もし教える場合でも、夜の九時以降や早朝七時までの電話はしないように伝えましょう。一日一回程度とし、複数回の電話やメールの返事はしないことを前もって約束しておくことをお勧めします。本人は不安が増したり苦しくなったりすると、相手の状況を思いやることができなくなってしまいます。

その四　障害者の相談を受けたとき、「どうすればよいか」と助言を求められることがあります。その場合には、私たちが決めるのではなく、あくまでも本人が決めることが大切です。私たちは選択肢の可能性や、利点・欠点の助言をする程度です。代わって決断すれば、うまくいかなかったときに責任を問われたり、依存心が強くなっていつも答えを求められたりします。人生の主人はご本人なので、自分で決めることを勧めましょう。その結果うまくいかなくても、そこから本人に教訓を学んでもらいます。

その五　誰に対してであっても、私たちは相談相手との会話に対して、守秘義務を負っています。よって、会話の内容を他の人に伝えるときは、本人の同意を得ることが必要です。その理由と話す相手を伝えて、了解を得てください。不用意にいろいろな人に話してしまうと、本人は傷つき、教会に来られなくなります。安心して話ができることは、誰にとっても大切なことです。

その六　教会の人が陥りやすい間違いは、やたらに聖書の言葉を引用したり、お祈りを勧めたりすることです。本人が安定した状態にあるときや本人が希望するとき以外は、そういったことは控えましょう。状態が悪いときは、たとえ本人が求めても、安静が第一ですので、聖書は用いず、病院の薬を優先します。そうしないと、聖書の言葉を自己流に間違って理解したり、祈りに頼りすぎたりしてしまうことがあります。「苦しい時の神頼み」になりやすいのですが、苦しいときは安静と治療が大切です。可能であれば（本人の同意のもとで）、家族との連携があると、その後の関わりが、多くの場合、スムーズになります。

その七　障害者との会話の中で、こちらが話しすぎてはいけません。それでは会話にも相談にもなりません。聴き手は自分の理解を押しつけることを避けるために、「質問する」ことを中心にします。相手の気持ちを質問によって引き出すのです。その人の思い（不安・怒り・希望など）を聴いて、本人が自分の気持ちを整理するのを支援します。特に知的障害や発達障害、自閉傾向のある人の思いをくみ取るためには、短気・一方的ではいけません。

その八　障害者の話を聞き、行動を見ているうちに、こちら側の価値観や経験で相手を裁いてしまうことがあります。その人の問題言動がなぜ起こるのかを判断するのは、専門家でも難しいことです。病気や障害が作用しているのか、あるいは本人の性格や生育環境から生じるのか、見分けることはとても困難です。それを素人である私たちが独断することには慎重であるべきです。対応の基本は、問題の言動そのものに対応しながら、時間をかけて様子を見ていくことです。決めつけることから真実は見えてきません。

その九　障害者を支援することは、自分を知る機会ともなります。障害者のかかえる悩みや課題は、部分的に私たちの悩みや課題と重なっていることに気づきます。支援しながら、同時に私たちも支えられ、教えられていくのです。このことに気づく人は、支援を続けることができます。しかし、障害者支援に向かない人もいますので、ストレスがたまるという人は挨拶程度で距離を取ることを勧めます。障害をもつ方が教会の礼拝や交わりに参加していることが、特別ではなく普通の雰囲気になれば、それはよいことです。

八　障害者が教会においてできることは何か

障害者が感じるプレッシャー

障害者が教会に来るとき、当面の願いは、病気からの回復や、現在の苦しみからの解放です。その目的のために教会に来られます。とても自然なことです。そうした中で、キリスト教の信仰に心が向けられていく人がいます。障害の課題をかかえつつも、同時にキリスト教に関心をもち、集会や交わりに喜びを見つけていきます。そうした中で、「自分にできることとは何か」と考え始めます。一方で、教会の人たちもその人に期待をもち始めます。そうしたときに、問題が表面化します。つまり、教会の人たちは障害者が信仰をもつことを期待し、そのことのプレッシャーが本人に伝わります。また、奉仕などに参加してほしいとの期待も高くなります。本人も何かをしたいと思いつつも、なかなか踏み切れない自分との間で葛藤を感じます。信仰をもたないと、奉仕などに参加しないと、教会にいられないのではないかとの不安が大きくなります。そのプレッシャーによって、教会から遠のく人が出てきます。あるいは、自分で無理をして具合を悪くして、教会に来られなくなる場合もあります。

こうした状況になるのは、障害者への理解の欠如が背景にあります。障害をもつ人が一歩ずつ前に進むのには、時間をかける必要があります。また、気持ちがすぐに変わってしまうことも珍しくありません。それは、その人のパーソナリティーの問題ではなく、障害特性からくることを知っておく必要があります。さまざまな障害の特性を理解する努力が求められますが、それは同時に、教会の懐の深さを作り出す結果をもたらします。つまり、自分の考えで決めつけるのを避けるようになるのです。これは恵みです。

障害者本人ができることとは——障害をもつ方へ

障害をもっていても、地域社会や教会でできることがあります。

まず、本人は「できるだけ障害を言い訳にしない」ことです。つまり、障害を、何かができない・しないことの言い訳に使わないということです。障害があるために、何もできないということはありません。私が関わってきた障害のある方々は、自分がしたいと強く願うことは、周囲が反対しても実行していますし、できています。その結果として今のご本人があります。障害のために苦しんでいること、生活のしづらさで悩んでいることは事実です。しかしそれでも、できることや能力をもっています。それを生かしてほしいと願います。

具体的にどのように奉仕を始めたらよいか述べましょう。①一回だけやってみる（長期の奉仕は避ける）、②誰かと一緒にやる（一人で責任を負わない）、③簡単なことから始める（疲れやすく、集中し続けるのが困難なため）、④関心のあることから始める（意欲が湧くため）、⑤しばらく考えてから何をするか決める（後で後悔しやすいため）。

こうして一歩ずつ始めると、自分の力が確認できて、次に進めます。障害をもつ方々は教会や周囲に自分のことを分かってほしいと願いますが、人間は基本的に身勝手な存在なので、分からせる努力をしないと分かってもらえないのです。

教会の中に理解者がいると同時に、障害者を嫌う人、苦手とする人もいます。その自由もあるのです。これは、障害者に限らず、人間社会がそうなので、みんなが分かってくれることを期待しないほうがよいと思います。障害をもつ方ご自身も、世の中に嫌いな人や苦手な人はいるはずですから。ですから、めげないで教会に通ってください。その中で、信仰をつかんでください。神さまが病気を治してくださるかどうかは分かりませんが、あなたの人生を導いてくださいます。神さまは、病気を悪とは考えておられません。

九　教会でトラブルになりやすいのはどんなことか

人間関係という壁

私たちが他人を理解するのは、とても難しいことです。私たちは自分の経験や考えをもとにして相手を理解しようとします。しかし、性別、年齢、育った環境、性格、それに身につけた価値観が違うことで、なおさら理解が難しくなります。加えて、そこに障害の要素が入ってくると、一段と難しくなります。私たちは何とか相手の気持ちや立場に立とうとしますが、それは容易なことではありません。私たちはこれまで、どれだけ人間関係でトラブルを経験してきたことでしょう。教会は社会の縮図であるため、多様性に富んだ集まりです。しかも、障害者と接したことのない人が教会には多くいます。

障害をもつ人たちは、一般的に人間関係が苦手です。自分のことを十分に、かつ分かりやすく説明するのが苦手です。このため人間関係を避けようとしますし、ちょっとしたことで相手に不信感をもったり、失望したりしてしまいます。それは、これまでの生活の中で傷ついてきたことが多くあるからです。教会を訪ねて来る障害者は、教会に理解と支えを期待しています。信仰の力で病気がよくなることも、半信半疑ながら期待しています。しかし多くの場合、失望する時がほどなくやってきます。そこからが問題です。失望の後でも教会に続けて来てくださるか、教会にとっても、本人にとっても正念場です。つまり、教会にとっては、障害者を神の前に尊い求道者として迎え入れようとするのか、また本人にとっては、ご利益宗教的期待から、本気で信仰を求めるのかが問われるのです。障害の解決・解放から、人間としての課題の解決へと向かえるかの分岐点です。

現実にトラブルになりやすいこと

障害者が教会の礼拝や集会に参加し、交わりに加わるとき、次のような誤解やトラブルが起こりやすいと思います。

①服装がだらしなく見え、不潔感を感じる（いろいろなことに集中できず、細かいことまで気が回りにくい）、②たばこを頻繁に吸う、飲み物を欠かさない（気持ちを落ち着かせるためにたばこを、薬の副作用で口が渇くため飲み物を、常に求める傾向がある）、③そわそ

わして落ち着きがない（じっと座っているのが苦手で、動くことで落ち着くことができる）、④同じ言動を繰り返す（不安があって確認をしたいとき、忘れやすいときに繰り返す）、⑤決めたことをすぐに変更する（気まぐれではなく混乱しているために起こる）、⑥怒ったり悲しくなったりして不安定（感情に波があるため服薬で安定を図っている）、⑦こだわりが強く頑固である（変化に弱く不安になるため、一つのことに固執してしまう）、⑧待つことができず、すぐに安易に行動する（忍耐することが苦手で、早く安心を求める）、⑨人の話を正しく受け止められない（自己流に受け止めてしまう傾向があるので確認が必要）、⑩何度も同じ話をする、同じ行動をとる（不安なことや記憶が混乱していることを繰り返す、分かっていても繰り返すことで安心を求める）、⑪抽象的なこと、曖昧なことが苦手で混乱する（分かりやすく具体的に話すことが必要）、などです。

障害について学びましょう

障害は、身体障害・知的障害・精神障害・発達障害・難病と区別されますが、その区分のそれぞれの内容も多岐にわたります。このため、教会に集う障害を理解するには、それぞれの障害について学びを深め、ご本人から教えてもらうことが必要です。同じ病名や障害でも、一律に判断できないことが多くあります。よって、「あなたのことを教えてください」という気持ちをもつことで、心の距離が近くなります。障害をもつ方は、教会に継続的に来るのにも時間がかかることを、互いに了解することが大切だと思います。「頑張って」とか「努力して」というような言葉は、かえって障害者を追い込んでいく場合が多いものです。まずは、障害について知り、障害者を受け入れる環境を教会に整えることです。

一〇　障害者が教会のことで心配している事柄

障害をもつ方が教会に電話をかけてくる、あるいは訪問して来るときというのは、いろいろ思い悩んだ末での行動であることが多いようです。これまでの人生において一度も教会やキリスト教との接点がない人であれば、頼る先の選択肢の上位に教会は入っていないと思います。それでも来られたとすれば、よっぽどの思いがあってのことでしょう。それまで落胆することや傷つくことを経験してきて、残されたわずかな可能性が教会なのです。障害者が教会に対してどんなことを心配しているかを、私の経験から説明しましょう。

その一　障害や病気を理解してくれるだろうか

事実として、障害者本人が自分の病気や障害を理解し、受け入れ、順応するのには、多くの時間（数年から十年単位）を要します。当事者でさえそうなのですから、訪ねて来る方の障害や病気を、教会が事前に理解している可能性が極めてゼロに近い状態であっても当然といえます。しかし、それでも期待したいのです。教会を訪ねて来る障害者は、今日という日までに多くのものを失い、願いを手に入れることができなかったという方がほとんどです。幾度も失望感と挫折感を味わってきました。宗教なら、教会なら、自分を助けてくれるかもしれない。そんな一縷の望みをもって訪ねて来るのです。ところが教会は、病院でも福祉施設でもありません。障害理解はまず望みえない場所なのです。ですから教会は、その方の障害について、一から勉強が必要です。その講師は障害者本人であり、その家族です。

障害者を受け入れていく教会は、前もって準備されているのではなく、障害者やその家族と共に受け入れる体制を作り上げていくことになります。よって、初めの一歩は、障害をもつ人を受け入れていこうとの積極さを心備えすることです。歓迎する雰囲気は、その人にも伝わります。障害者は敏感な面をもっていますから。

その二　仕事や家族や住まいなどを聞かないでほしい

障害をもつ人は、最初から自分が障害者であることを話しません。話しても大丈夫かどうかの様子を見ます。大丈夫だと判断できたら、いろいろなことを話してくれます。いいえ、自分の話をたくさん聞いてほしいのです。このため、最初から仕事や家族や住まいのことで探りを入れるようなことはしないでください。障害者の中には、仕事はしていない・辞めた、家族ともめている・連絡を取っていない、住まいは、入院中で今は病院にいる・福祉施設にいる、などといったことがあるため、気軽に話せない人が多くいます。学校のことや結婚の有無も聞かないでください。話してもよい時期がきたら、自分から多くのことを話してくれます。それは、教会に心を開く準備ができたということです。

教会によっては、新来者カードが備えられていたり、新来者の紹介があったりしますが、それは障害者にとってはハードルの高い部分です。健常者にとっては気にならないことが、障害者には「自分のいるところではない」と感じてしまう壁になります。少数の人の視点・立場に立って見ることを教会が学ぶ機会です。心のバリアフリー化と呼んでもよいでしょう。

その三　みんなと違う言動をとっても寛容でいてほしい

障害者の中には、じっとしていることが苦手な人が多くいます。礼拝中や集会中に立ったり座ったりします。歩き回ったりもします。トイレに行ったり、外でたばこを吸ったりもします。飲み物をよく口にします。結果、周囲の人は気が散ります。教会の人たちは、集会や礼拝の間は静かにして、おとなしくすることが礼儀だと自然に学んでいます。障害をもつ人たちはわざと動くのではなく、動くことで落ち着こうとしているだけなのですが、このギャップによって双方がストレスをためることになります。

障害者の中には、とても無口な人もいます。質問をしても返事がうまくできません。一方でおしゃべりが止まらず、周囲から注意を受ける人もいます。頭の中に思い浮かんだことをすぐに言葉にして、人を傷つけたり、雰囲気を悪くしたりすることもあります。教会の人たちは、注意しても分からない人だと不満をためます。しかし障害者本人は、止められないから止まらないことを、分かってほしいと望んでいます。

障害をもつ人の中には、幻聴・幻覚と思われることを言う人もいます。これは脳の働きがバランスを崩している結果の一つですが、本人にとっては事実そのものです。脳の中で聞こえ、脳の中で見えているのです。このような状況が生まれたときは、教会が病気と障害特性について学ぶチャンスととらえてください。人間の脳がどんな機能をもっていて、どんな仕組みになっているかを知る機会となります。人間の脳は繊細で、不思議で、すごい機能をもっています。「神さまは本当にすごい」と知る機会になります。

その四　他の人のように、奉仕や献金や集会出席が難しい

障害をもつ方がしばらく教会に来ているうちに、教会の人たちの行動と自分の行動を比較するようになります。そして、それに合わせることを意識し始めます。その中で、自分には同じようにできないと感じることが出てきます。それは、奉仕は自分には難しい、献金をしたいけれどもお金が足りない、きちんと礼拝や集会に出るのが難しい、といったことです。

奉仕に関して、障害者の中には、安定的に持続して何かを続けることが難しい人が多くいます。疲れやすい、ゆっくりしかできない、すぐに気が変わる、集中力を維持できない、勝手にやってしまう、といった課題があります。このため、一年間を通じて奉仕するなどというのは、一か八かという挑戦に思えます。そして、迷惑になるから辞退するのがよいと消極的に考えます。こういうときは、一回だけでよい・短時間でできる・簡単なことから始めるよう勧めてください。その人ができることを、一緒に探してください。

献金については、障害者の中には障害者年金を受給している人、生活保護費を受給している人、仕事をしていない人が多くいます。生活は厳しいのが現状です。そのため、厳しい経済状況の中で、どのくらい献金すればよいのかと問われることがあります。そのときには、質問で返す言い方になりますが、「いくらなら可能ですか」と質問します。そして、「その金

額を献金してはどうですか」と勧めます。しなくてもよいとは答えません。一円も献金できないほど困窮している人は少ないと思いますし、しなくてもよいと言うのは、障害者に対しても、神さまに対しても失礼なことです。

礼拝や集会に出席したいと願うときに、欠席も遅刻もしないというのは難しいと思います。そう思うだけで具合が悪くなる人もいます（ただし、知的障害や発達障害をもつ人の中には、規則正しいことが得意な人もいます）。朝が苦手だとか、日によって気持ちや体調が変化する中で、可能なのはできるだけ参加するということです。それでも認めてもらえるなら、やってみたいと考えられます。

奉仕や献金や集会出席について、寛容が過ぎて「どうでもいいですよ」ということになれば、それは優しさというより甘く見ているということであり、障害者がもっている能力をすべて否定することになりかねません。病気や障害があるというのは、そのために支援が必要なだけであって、できることはたくさんあるのです。適度の期待が障害者を元気にもし、居場所をもつことにもなります。つまり、自分は必要とされている、ここにいてもよいのだということを実感してもらうことです。このことは、他の教会員にとっての励みや刺激にもなります。

一一　障害者が教会に望むこと――「心の泉会」の要望から

三十年ほど前に、一人のキリスト者である障害者の活動から「心の泉会」が生まれました。この方は、障害者となってみて初めて、所属教会が障害者にとって居心地が悪いことに気づきました。障害に対する理解も低く、障害をもつ人の悩みをきちんと受け止めてくれる場のないことに悲しみを感じました。そこで、障害者の自助グループとして、「心の泉会」を立ち上げて仲間を集めました。今では全国に十数か所のグループができ、活動しています。

この会の特色は、教会に集っている人の集まりであること（信仰の有無は問わない）、中心は障害者自身によって運営が行われていることです（健常者は賛助会員）。私も賛助会員に入れていただいて、あっという間に二十五年が過ぎました。

心の泉会の当事者たちが、教会に対して望んでいることをパンフレットにして理解を求めていますので、その内容を紹介しましょう。あなたの教会が障害をもつ来会者を受け入れていくときに参考にできると思います。この内容は、障害者自身が期待する事柄で、主に精神障害をもつ人たちに関することですが、他の障害者にも通じるものがあります。

その一　まず話を聞いてください

障害者は、自分の思いを聞いてくれる人を必要としています。いろいろと教えてくださるよりも、まず話を聞いてほしいのです。教会のルールに合わせる前に、まず障害者の悩みや不安を聞いてください。

その二　具合が悪いときに、「怠け者」扱いをしないでください

障害者は大なり小なり、症状に波があります。普通にできることやできるときもありますが、何もできないときもあります。見守ってくれる方は、調子が悪いときに「怠け者」扱いしないでください。

その三　皆さんの会話に入れないことがあるのを理解してください

障害をもつと、出入りできる場所やつき合える人が限定されてしまいます。また、幻聴に悩むことや、うまく会話ができないこともあります。このため、教会の人の会話のペースや内容についていけないことがあります。このことを理解してください。

その四　突然深刻なことや現実離れしたことを話すことがあります

いつも整理して話すわけではなく、突然深刻になることや現実離れしたことを話すこともあります。同じ話を何度も繰り返すことがあります。そんなときは、話を遮らないで時間の許す限り聞いてください。それが障害者の現実なのです。

その五　ろれつが回らない、くどい話、幼稚な言い方になることがあります

薬の影響や脳の働きのために、幼稚な言葉遣いになったり、舌の回らない話し方になったり、くどく何度も言ってしまったりすることがあります。そんな中でも私たちの思いをくみ取ってください。幼稚で訳の分からない人と思わないでください。

その六　いろいろな態度や行動で、思いを伝えることがあります

障害者は、その場にふさわしくない言動をとることがあります。このことが周囲に混乱や不快な思いをもたらすことがあります。そんなときは、私たちを理解してくれる経験者・理解者が必要です。

その七　型どおりの集会が苦手です。障害者向けの場を作ってください

健常者にとっては特別に苦痛ではない礼拝や集会でも、障害者にとっては、その時間、集中し続けることが困難です。もう少しゆっくりとした、別の集会があると助かりますので、小グループを考慮してください。

その八　教会ができること、障害者ができることを一緒に考えてください

教会としてできること、病院に任せること、障害者本人が努力すべきことを一緒に考えてください。教会と障害者がどうすればうまくいくかを考えてください。

（『私たちから教会へ』から要約）

障害者と一口に言っても、いろいろな障害があり、違いがあります。その数だけ障害の特色や課題があります。教会がそれを全部理解することはできません。まず、教会に来ている方を理解することから始めることです。障害者本人から障害の内容や生活のしづらさを教えてもらいます。そして、教会として受け入れることが可能なことを見つけていきます。できないことはどんなことか、少し時間をかければ可能となるかを探していく中で、教会の適応能力が広がっていきます。障害者を先生とし、専門家の話を聞いていく中で、教会が地域との連携を求めるようになれば、それは望ましいことだと思います。

第三部　障害者とその家族を支えるために

一　障害者を支える幾つかの支柱

障害をもつ人たちは時々、自分で自分をどう理解し、どう対処していけばよいのか、答えを見出せずに苦労しています。その家族も同じです。ある時から突然に病気・障害を知らされ、予備知識もないまま対応を求められます。現代は、インターネットで調べればすぐに情報を手に入れられる時代ですが、そのような知識だけでは足りません。何よりも家族のかかえる不安と落胆は、心と体に重くのしかかります。元気を出すのは簡単ではありません。毎日頭の中から、病気や障害のことが離れません。こうした状態の本人と家族への支援を、教会はどのようにしていけばよいのでしょう。それは、簡単に答えられることではありません。ただ言えることは、障害者や家族を支えるのは、教会だけではないということです。支援者と支援の可能性は、教会のほかにもあります。その支援の輪の中に教会も加わるということです。みんなで支えていけばよい、いや、みんなで支えなければ支えきれないということです。

一つ目の柱　通院や服薬

すべての障害をひとまとめで説明するのは難しいことですが、まず必要なのは、医学的な支えの必要です。教会に来る障害をもつ方々は、その多くが通院しています。そこでドクターによる問診や服薬の指導を受けています。リハビリや認知行動療法、生活技能訓練（SST）、カウンセリングを受けている人もいます。一部に通院していない人もいますが、年を重ねると、障害者は健常者以上に身体的な病気が現れやすくなります。定期的に通院と服薬ができていることが、障害者を支援する基本です。

教会という立場でも、どんな病院にかかり、どんな薬を飲んでいるかを知っておくことは大切です。何か起こったときに素早く支援することが可能となります。ただし、「薬は飲んでいますか」と聞くのは簡単ですが、本人はつらい思いをしながら飲んでいることを忘れないでください。

薬には大なり小なりの副作用があるため、服薬している人は薬をやめたがります。量の調整や薬の変更が必要なときもあります。

二つ目の柱　相談相手

このことは障害者やその家族に限ったことではありませんが、障害者には特に必要ということです。障害者の多くは人間関係が苦手です。なぜ周囲ともめごとが起きやすいのかを、本人が理解できない場合もあります。うまく自分の状態や考えを伝えることができなかったり、相手の言うことを受け止めきれなかったりするためにトラブルが起こり、それによって失望する経験を何度もしてきています。人間が苦手です。でも人間が恋しいのです。障害を理解してくれる人、生活のしづらさを受け止めてくれる人、愚痴や不満を聴いてくれる人、困ったときに助けてくれる人を求めています。自分自身に振り回されて、困っています。

こうした障害者を支えるためには、家族だけでは足りません。家族は障害者本人のこれまでの人生を見てきていますので、本人を除いて誰よりもその人のことをよく分かっています。家族は近すぎるために、しばしば本人との間でトラブルを起こしてしまう、そういう人間関係の難しさがあります。それを補うのが私たち、「赤の他人」（第三者）です。まず障害者と一緒にいる・知り合う時間が必要です。その中で、病気・障害のことを、また、生活のしづらさや困っていることを本人から教えてもらいます。信頼してもらえるようになれば、今までのことや現在の心配や希望などについて話してくださるでしょう。

時にはもめたり、拒否されたりすることもあるかもしれません。しかし私たちを必要としてくださるなら、またつながりは回復します。信頼関係が深くなってくると、過度に依存的にもなってきますし、時にはけんかの事態も起こります。それを乗り越えられれば、新たなつながりの始まりです。

障害をもつ人たちの人間関係を見てみると、概ね次の人たちが本人の支援に加わっています。家族や親戚、病院のドクターや相談員、行政の障害担当者、同じ病院の仲間、通所先の仲間や職員などです。これに教会が加わります。ただ、このような人間関係を幾つかもっている人が教会に来る可能性は少なく、ほとんどない人が訪れることが多いように思われます。そうした場合には、教会が他の人たちとの人間関係を構築する手伝いをしなければならないこともあります。このため教会は、障害者が利用できる、地域の社会資源（福祉サービス）を把握しておくのもよいことです。そのようなサービスの一覧表は、行政の障害者福祉課等に置いてあります。

理想をいえば、障害者本人を支援している人たちが顔を合わせて、情報の共有（ケース会議）を開けるようになれば、本人のためにも良い環境を作ることができます。福祉施設では普通にやっていることです。支援者が独断で対応すると、本人が混乱したり、他の支援者と真逆のことを助言したりすることが起こりうるため、情報共有は大切です。

三つ目の柱　昼間の居場所・くつろぎの場

誰にとっても、居場所やくつろげる場が必要です。人間として正直でいられる場所です。批判されず説教も受けない、身構える必要のない場所、それが居場所です。理想は数人ですが、状況によっては、自分一人だけの場でもよいのです。

教会に来られる障害者やその家族のために、「当事者会」や「家族会」を作ることを勧めましたが、これがその居場所の一つです。教会で作る場合、三人ほどが参加できる状況なら、呼びかけてみる価値があります。月一回、二時間程度から始めてはどうでしょう。基本的な約束（①参加者みんなが少しずつ話す。会話を独占しない。話したくないときは話さなくてもよい。②人が話したことに、反対や批判や説教をしない。③その場で話したことを、他の人（たとえ家族や友人であっても）には話さない）を守れれば、その集まりは継続される可能性が高くなります。

居場所・くつろぎの場は、障害者が身構えずに、自分のことを可能な限り正直に話せる場です。障害をもつ人たちは、人間関係で傷ついたり、不信感をもたざるをえなくなる経験をしたりしてきました。またいろいろな人から指図や余計なお世話を受けてきました。ですから、整えられた場・守られた場を必要としています。その中で人間関係の再練習、会話の訓練、人を信じることの回復を、知らず知らずに、自然に行うのです。

こうした場所は意図的に作らないと自然には生まれません。当事者が集まったとしても、病院なら治療の一環、福祉施設なら事業の一環、行政なら福祉施策の一環となり、成果・結果を出すことが求められます。しかし、居場所・くつろぎの場は、成果も参加人数も記録も必要ありません。出席も欠席も自由です。時間で始まり、時間で終わります。プログラムもなく、話し合いのテーマもありません。「最近はどうでしたか」で始まればよいのです。「ゆるい集まり」、それでよいのです。人は人によって傷つきますが、人によって癒やされもするのです。昔の湯治場のような機能です。

人が一人の存在（ただの人）としていられる場所、それが必要です。食や住環境の事情がよくなり、医学が進み、衛生面が向上して伝染病・感染症が減少し、私たちの国は江戸時代の四倍の人口になりました。しかし、ストレスは高まり、競争は激化し、無駄も余裕もなくなりました。こういうときこそ、オアシスが必要なのです。

二　家族だからできること　家族でも無理なこと

日本の社会福祉制度は、障害や病気をもつ人を社会全体で支援しようという仕組みになっていません。その負担を今もなお家族に負わせています。家族にとって、誰かが病気になる・障害をもつということは、偶然の出来事です。誰かの重大責任でもありません。それを家族の責任・負担にしているのです。このため、家族は心配事をかかえるだけでなく、経済的にも時間的にも困難を背負います。精神的な負担や不安は計測不可能です。

いろいろな病気や障害のために、家族会や当事者会が作られています。そこでは情報交換や支え合い、行政への陳情や市民への啓発活動が行われています。家族会がいちばん心配していることの一つが、「親亡き後」の問題です。両親たる自分たちが死んだ後、残されるわが子を誰が支えてくれるのかという不安です。このために、家族自身が病気となるほどに心配します。

教会には、障害者本人だけでなく家族の方も訪ねて来ますので、そのときの参考のために、家族ができることと、家族でも難しいことを簡単に記します。

家族だからできること

その一　障害・病気について理解を深める

家族も障害者本人も、病気や障害のことはほとんど何も分からない状態からスタートします。家族が学びや理解を深める努力をどのくらいするかで、本人の病状の安定や障害の改善に大きな違いが出てきます。理解がないと、家庭内での暴言・暴力が増え、本人の入院が多くなります。例えば、怠けているとか、根性が足りないとか、しつけ方が悪かったとか、互いの非難が始まります。そして家族内で対立が生まれ、緊迫した状況が慢性化します。家族も本人も努力をしていても、空回りをしてしまいます。本人にとって、他人ともめるよりも家族ともめるほうがはるかにつらいのです。

ですから、本人も家族も、病気や障害についての学びと、それらを理解する練習が大切です。

その二　地域の家族会や行政とつながる

障害者本人が自ら進んで行政に相談に行き、地域にある社会資源（福祉サービス）を活用することを選んでくれるとよいのですが、動こうとしないときは、家族が代わって情報を集めていただきたいと思います。そのために地域の家族会に加入することで、いろいろな情報や家族どうしの交流を得ることができます。また行政の職員と相談することも有益です。本人が人間関係のパイプを作れない分を家族が補うことができます。こうしたことで、家族も外に気持ちを向けることが必要です。日本の社会では、こうした課題が生じると隠そうとして内向きになってしまい、解決から遠ざかりがちです。

その三　障害者の将来への備え

病気・障害の状態が、普段の生活ができるほどに改善されれば嬉しいことですが、長期化しそうな場合は、将来への備えが必要になります。親であれば、他のお子さんたちとの相談で、障害者本人の将来の支援をどのようにするのか、つまり、きょうだいの支援が可能か、後見人制度を活用するのかといったことを話し合っておく必要が生じます。住まいのこと、生活費のことについても、親が元気なうちに相談が必要です。私たちが生活をするうえで、衣食住、相談先、通院先が必要なように、障害者もそれと同様です。決して万全にはできませんが、社会福祉制度をうまく活用することはとても大切です。この準備は家族がまず担うことになります。ただし、どの程度きょうだいが関わるのかは、当人たちの意見を聞いたうえで、義務や責任の押しつけにならないようにすべきだと思います。彼らには彼らの人生が、それぞれにあるからです。

家族でも無理なこと

その一　障害者の苦しみを代わることはできない

本人が自分の病気や障害のことで苦しみ悩んでいる姿を見ると、家族もたまらない気持ちになります。特に両親は責任を感じてしまいます。本人がつらくなって、「なぜ生んだ」と言うようなことがあれば、親はとても苦しみます。代わってあげたいと思っても、それは不可能です。本人の状態が落ち着けば家族も落ち着き、荒れると家族も不安定になります。まさしく運命共同体のような状態になってしまいがちです。しかし、冷たいようですが、苦しみは本人が負うしかありません。家族はできることをするだけです。

本人を思いやる家族は、旅行したり、趣味をもったりする小さな楽しみや、自分なりの気分転換をすることにさえも、後ろめたさを感じてしまいます。しかし、気分転換は必要です。なぜなら、家族が元気であってこそ障害者を支え続けることができるからです。家族のそれぞれに役割と、できること・できないことがあるのです。元気な家族・穏やかな家族の存在は、障害者本人にとっても安心であり、自分のせいで苦労をかけているとの自責の念が軽くなることでもあります。

その二　障害・病気の本人の気持ちを十分には理解できない

家族には病気のことや障害の特性（生活のしづらさ）を理解してほしいとすでに記しました。しかし、それを十分にするのは難しいことです。話を何度聞いても、そばで見ていても、頭の中では推測できますが、実感として十分に理解することは難しいのです。実は、障害者どうしでも理解し合うのが難しいことを見聞きします。何年も何十年も苦しんできた人たちが、互いの苦しみや不安を受け入れ合うのが難しいため、非難したり悪口を言ったりして傷つけ合うことも頻繁に起こります。どうやら私たち人間は、自分の苦しみや不安を同じような立場の人たちと共有する能力に個人差があるようです。たとえ家族であっても、障害者本人の苦しみを自分の苦しみとして受け止めるのに温度差・個人差があるのです。しかしそれは、愛情の深さによるなどと片づけられるほど簡単な話ではないと思います。家族としては、可能な範囲で理解することが大切であり、「もっと理解してほしい」と言われてしまうと、家族が追い込まれていく事態となります。

その三　両親は障害者本人の人生が終わるまで生きられない

障害者本人の人生が終わるまでのことを、家族、特に両親は心配しています。両親ときょうだいとでは、気持ちに温度差があります。親は子どものことをとても心配します。なぜなら、自分たちが生み育てたからです。自分たちの人生と重なっているのです。子どものために多くの犠牲を払ってきました。ですから別人格とは思えない部分があります。しかしきょうだいは、たまたまきょうだいとして生まれ、一緒に育ってきました。時に同志であり、時にライバルでした。親の立場とはどうしても違いがあります。親ができることは、可能なことを準備しておくことだけです。親亡き後には、自分で自分の人生の面倒を見ることになります。両親はつらくても、少しずつこのことを受け入れていかなくてはなりません。

三　障害者が地域で暮らすために必要な環境とは

障害者が住み慣れた地域で生活するために必要なこと（社会資源）は何でしょう。このことは、自分の生活で考えれば分かってきます。

①安心して住めるところ、②やりたい仕事・趣味の場があること、③楽しめる場所、④買い物ができる店、⑤各種の病院、⑥電車やバスの交通機関、⑦相談できるところ、⑧友達を作れる機会の場、などです。これらの環境・社会資源は障害者にとっても同様に必要なものです。

健常者と呼ばれる一般の人たちは、これらを自由に選択できます。少し遠いところでも、出かける支障にはなりません。ところが、障害者はそうはいきません。障害の特性によって、できにくいことがさまざまあるのです。身体障害、知的障害、精神障害、発達障害の人、また難病をかかえる人、それぞれにできることとできないことに個人差があります。つまり、障害内容の特性だけでなく、障害の程度によっても違いが出ます。

地域社会が提供している、障害者への社会資源（福祉サービス）について説明しましょう。障害者を支えるために、障害者総合支援法という法律があります。この法律のもとに、障害者は福祉サービスと呼ばれるいろいろなサービスを受けることができます。黙っていても誰かが準備してくれるわけではありませんので、本人や家族が市町村の行政窓口に申請しなければなりません。諸手続きを経た後に利用できるサービスは、概ね次のようなことです。

障害者総合支援法は、自立支援給付と地域生活支援事業に分かれています。

自立支援給付は、介護給付、訓練等給付、自立支援医療などに分かれています。このうち、介護給付は在宅での利用や介護に関する給付が中心であり、訓練等給付は仕事や生活上の訓練を支援することが中心です。自立支援医療は、通院や入院に関する支援です。こうしたサービスを利用することで、障害者が普段の生活をするための支援をしてくれる仕組みになっています。

次に、地域支援生活事業は、都道府県と市町村が予算を組み、障害者の生活を支援する事業であり、日常生活の多岐にわたっています。詳しいことは、各市町村の窓口で手に入る、福祉サービスの利用に関するパンフレットに記載されています。

これらのサービスには、自治体によって格差があります。社会資源が整っているところもあれば、選びたくても社会資源自体が乏しいところもあります。一般的には、都会は整っている傾向があり、地方ほどまだ足りない状況が見られます。なぜそうなるかといえば、市町村の財政力や福祉整備についての意欲の問題です。

自治体の福祉サービスの充実化に対しては、民間の社会福祉法人やＮＰＯ法人の働きが大きな影響を与えています。教会が障害者を受け入れていく過程で、どこかの法人と連携を取っていくのもよいことだと思います。教会が障害者のニーズをすべて満たせるわけではありませんので、教会としてできることをしながらも、地域の福祉事業者との協力を作ることができれば、それは障害者への支援・貢献にもなります。日本には約八千のプロテスタント教会がありますが、そのうち障害者への支援を直接している教会はごく一部だと思います。とすると、教会が障害者の日常生活に配慮・応援するとなれば、地域の行政や民間の法人・団体とのつながりがあったほうがよいでしょう。

教会は、障害者の毎日の生活に関わることはできません。教会や牧師にそれを期待されても、対応は無理です。しかし障害者は、毎日の支援を必要としています。一日一日を暮らすことが大変な人が多くいます。このようなときに支援ができるのは、地域の福祉サービス事業所です。教会や牧師は、地域の福祉に関する社会資源を知っておくこと、可能ならどこかの事業所とつながりを作っておくことが必要かと思います。そうしてこそ、障害者が教会に継続してつながる道が準備されます。信仰に関することは教会で対応しても、障害や生活のしづらさは「ご自分でお探しください」とはなりえません。障害者の信仰と生活をセットにできれば、教会は、障害者が教会につながり続けるのに必要な環境を整えることができます。

四　ひきこもり状態の人への支援

「ひきこもり」には幾つかの定義がありますが、ここでは「仕事や学校に行かず、かつ家族以外の人との交流をほとんどせずに、六か月以上続けて自宅にひきこもっている状態」と定義しておきましょう。家にひきこもっているという人の中には、病気や障害からその症状が出ている人もいますし、障害があるのかないのか分からない（障害の診断を受けていない）人もいます。こうしたひきこもりの状態にある人のご家族が、悩んで教会に相談に来られることが時々あります。

ご家族が教会に来た場合、お話を聞くことはできますが、その次の行動をどうしてよいかは難しいところです。本人が相談に来られれば、話を聞くだけでなく、一緒に行政や病院にも同行できますが、本人が動けなければ、家庭訪問によってまず信頼関係を作るのが当面の課題となります。ひきこもりの状態にある人は、本人だけでなく、家族の不安もとても大きいものです。相談できるところがほとんどない、まずこれが最初の課題です。

ひきこもりの人の現実

このようなひきこもりの人たちは、社会において目立ちません。しかも、国による実態調査がすべての年齢層に対しては行われていませんので、実数が把握できません。しかしひきこもり関係の本を読んでみると、推計として人口の〇・四から〇・八パーセントほどはいるということです。そうなると、私たちの国にひきこもりとなっている人が五十万から百万人（内閣府の推計では七十万人程度）いることになります。この方たちへの福祉の支援は届いていません。つまり、孤立状態にあるということです。

ひきこもりの人たちへの支援に長く携わってこられた斎藤環医師の著書『社会的ひきこもり』（ＰＨＰ研究所）にも紹介されているように、幾つかの県や市でひきこもりの調査が行われ、その結果、おおよそ次のような傾向が分かり始めました。①圧倒的に男性が多い、②きょうだいのうち長男が多い、③両親ともに高学歴で、中流家庭に多い、④仕事熱心な父親と、過敏で世話焼きの母親の組み合わせに多い、⑤家庭や周囲に優秀で勤勉な人がいて、本人に負担となっている、⑥最初に問題が起こるのは中学三年生ごろ、⑦最初のきっかけは不登校が六割を超える、⑧問題が起こってから治療機関に相談するのに時間がかかる、⑨四十歳以上が約半数に上り、三年以上のひきこもりが半数を超える、などです。

ひきこもりへの支援

六か月以上ひきこもりの状態の人への支援の問題は、次のことが挙げられます。①予防や治療が可能であるにもかかわらず受け皿がない、②家族や本人が相談できる場が精神科しかない、③精神科の医師も積極的に関わらない、④ひきこもりが長期化すると、自然に解決する可能性が低い、⑤ひきこもりは個人の課題だけでなく、家庭や社会そのものとも関係がある、⑥ひきこもりの人は偏見や差別にさらされており、正当な弁明や理解を得る機会に乏しい。

ひきこもりの人たちは、決して無気力なわけではありません。今の状態を何とかしたいと考えています。しかし、個人や家族だけでは何ともできないのです。外部からの支援者が必要です。

教会は、ひきこもっている本人や家族に、まず「いこいの場」を提供することができます。家族や本人を閉塞感や孤独から一歩ずつ社会に連れ出す手伝いができます。そして次の段階として、行政や福祉関係の団体につなぐのです。繰り返しになりますが、教会は地域の社会資源とつながることで、障害者やひきこもりの人たちに対して有効な支援を提供できます。信仰への導きと現実の課題への対応は、同時進行で進めることが大切です。

ひきこもりの人たちへの支援は、まだ制度として整っていません。各都道府県に相談支援センターはありますが、話を聞いてくれる程度のレベルです。よって、ひきこもりの人やその家族への支援は、民間の有志に委ねられている状況です。このため、本人や家族の不安がなおさら大きいのです。教会に連絡があったり、直接いらっしゃったりしたときは、まず話を聞くことから始めてください。信頼関係が少しずつできる中で、通院につなぐか、行政の福祉サービスにつなぐか、就労の機関につなぐかなどの方法を、本人や家族と一緒に模索していきましょう。

五　障害者や家族が発信できること

病気や障害を突然かかえるようになることは、多くの場合、本人にとっても家族にとっても、極めて不本意なことです。「なぜ私が」とか「なぜ家族が」という思いは消えることがありません。病気になったことで苦痛を味わったり、夢を諦めたりして、失ったものがたくさんあります。家族も悔しい思いや切ない思いをたくさんしています。病気や障害は、断りなしにいきなりやってきますので、まず当面はその対応に追われます。どう対処すればよいのか、どうしたら治るのか、精いっぱいやるしかありません。障害や病気のことは誰にでも話せるわけではありませんので、孤独は避けられません。いろいろやっている間に、数年があっという間にたってしまいます。そうした中で、自分や家族なりに病気を理解し、障害とつき合うことを体験的に学んでいきます。その過程の中で、教会を訪れる人がいます。

病気や障害を理解し、受容することの難しさ

自分や家族の病気・障害を理解し受容することは、多くの場合、簡単ではありません。現実には病気の症状があり、障害のために苦労していても、それを認めることはまた別の問題です。まれに、自分に病気・障害があると分かって「安心した」という人もいますが、そこに行きつくまでにたくさんの苦労や試行錯誤を味わってきたので、自分の苦労の原因を突き止めた安堵感がそういう心理にさせているのです。しかし多くの場合は、「病気や障害があるはずはない」と考えるのが自然です。私が知っている方の中には、薬を飲んでいて、福祉サービスを利用していても、「自分は病気ではない」と話す方がいます。私はあえて否定することはしません。ご本人はそう思うことで頑張れるし、現状、薬を飲み、福祉サービスも利用してくださっているので、別に困った状況にはないからです。

病気や障害をもつ方の家族も、自分のきょうだいや親戚や友達に、家族の中に障害者がいることを話していない場合があります。家族も家族として悩み、受容できずに困惑しているため、他人に話すことができないのです。当然のことですが、私たちは「その時」がくるまで、病気や障害の予備知識をほとんどもっていません。他人は病気になっても、自分の家族は大丈夫だと何となく思っています。そこからのスタートですので、病気や障害を理解し、

受容して対応していくことは時間がかかります。

病気や障害からくる、生活のしづらさについて声を上げる

私たちの国において、病気や障害の内容（疾病）によっては、偏見や差別がついてくるものがあります。このため、ますます周囲の人に話せなくなります。これは現実のことです。しかし病気や障害のことを本人や家族が話さないなら、周りの人は、「自分が」病気になるまで理解することは難しいでしょう。信仰において、「証し・救いの体験談」があるように、病気や障害をもつ人の「体験談」が話されることによって、周囲の人の理解が増し、偏見や差別が小さくなっていきます。それに、他の苦しんでいる人やその家族が励ましを得ることができます。

なんといっても、本人や家族の言葉には重みがあり、説得力があるのです。日本の障害者福祉施策を切り開いてきたのは当事者の声であり、家族の行動でした。身体障害者福祉法、知的障害者福祉法、精神保健福祉法、発達障害者支援法の施行や内容の充実を図ってきたのは、まさしく障害者本人と家族、そして支援者の力なのです。これは紛れもない事実です。

最近はマスコミに実名を挙げて、顔も出して障害について語る方が増えています。いろい

ろ考えての決断でしょう。こうした人たちの努力と勇気によって、世の中は、障害のある人もない人も一緒に暮らす社会を作る必要を認めていくことになります。身体障害・知的障害・精神障害・発達障害・難病は、誰でもどの家族でもなりうる病気・障害であることを、社会も教会も理解してほしいと願います。世の中は、多数の人を基準にして、多数の人に都合のよい社会を作ってきました。しかし成熟した社会は、少数の人も念頭に置いて作っていくことが必要です。教会も例外ではありません。

教会の中で声を上げる

教会はすべての人に福音を伝えるという使命をもちつつ、その時代その時期に、子どもに焦点を当てたり、若い人に焦点を当てたりしてきました。今は高齢者と障害者のニーズに応えることが、社会の課題であるとともに、社会に存在する教会の課題であるといえるでしょう。このために、今教会に来ておられる病気や障害をもつ方とその家族の声を聞き、可能なことを受け止めていく必要があります。その場合、教会は、高齢者施設でも障害者施設でもありませんので、地域の社会資源を活用することが大切です。教会だけでできることは限られています。教会と地域の社会資源を活用することが、障害者を支える現実的な対応です。

私がかつて、通信教育で社会福祉士の学びをしていたときに、スクーリング時の講師の先生が、「社会福祉士は単に障害者を支援するだけの職務ではなく、社会に障害理解の啓発を行い、障害者が利用する社会資源を作り上げていくことが使命である」と話されたことを印象深く受け止めました。それからの約二十年間は、伝道・牧会とともにこの働きを地域の方との協力で作ってきました。教会の方々の理解があって、この働きを続けることができたと思います。

障害・病気のある人を受け入れて、向き合っていく中で福音を伝えること、それとともに、障害や病気の課題には、地域の社会資源を活用することが不可欠であることを、ぜひ理解してください。皆さんの教会や家族に、福祉の働きをしている人はいませんか。その人も理解者であり、大切な社会資源といえる存在です。

付　録

■参考1　福祉サービスの利用

一　福祉サービスの内容

◇自立支援給付

①介護給付

・居宅介護（ホームヘルプ）

・同行援護

・重度障害者等包括支援

・療養介護

・施設入所支援（夜間ケア等）

・重度訪問介護

・行動援護

・短期入所（ショートステイ）

・生活介護

②訓練等給付
・自立訓練　　・就労移行支援
・就労継続支援A型とB型　　・共同生活援助（グループホーム）
③自立支援医療
・精神通院医療　　・更生医療　　・育成医療
④補装具

◇地域生活支援事業
・移動支援　　・地域活動支援センター　　・福祉ホーム
※これらの福祉サービスは、障害者が市町村の障害者窓口で手続きをすれば、審査会を経て認められた範囲で利用することができます

二　福祉サービス利用までの流れ（手順）
①市町村の窓口に申請・受付

②障害支援区分の認定（介護給付のみ）
　※八十項目の聞き取り調査（必要に応じて医師の意見書も）
③支給決定後に、サービス等利用計画案の作成（相談支援専門員が支援）
④市町村による支給決定
⑤本人と関係者による、サービス担当者会議の開催
⑥支給決定時のサービス等利用計画の確定
⑦福祉サービスの利用開始（申請から三か月程度かかる）
⑧一定期間後に、再検討（モニタリング）して継続や変更を行う

※利用者の所得によっては自己負担（四段階）が発生します
※福祉サービスの利用については、市町村の障害者窓口に「しおり」が準備されています

■参考2　各障害の障害名リスト

一　身体障害名（障害の部位による分類）

・視覚障害
・聴覚障害、平衡機能障害
・音声、言語障害
・肢体不自由障害
・内部障害（心臓、腎臓、呼吸器、膀胱、大腸、小腸、免疫等）
※身体障害者手帳の交付を受けている人であること
※障害の程度により、一級から六級の等級

二　知的障害区分

・軽度（知能指数は五〇から六九程度）
・中度（知能指数は三五から四九程度）
・重度（知能指数は二〇から三四程度）

・最重度（知能指数は一九以下程度）
・ボーダー（境界域）（知能指数は七〇から八五程度）
※一般的な知的障害の定義はない

三　精神障害名（ICD―10による分類を参考）

・症状性を含む器質性精神障害（アルツハイマー病、血管性認知症、せん妄、脳外傷等）
・精神作用物質使用による精神および行動の障害（アルコール、麻薬・覚せい剤、睡眠剤、幻覚剤等の使用）
・統合失調症とその近縁疾患（統合失調症、持続性妄想性障害、急性一過性精神病性障害等）
・気分（感情）障害（躁うつ病、反復性うつ病性障害、持続性気分障害等）
・神経症性障害・ストレス関連障害および身体表現性障害（恐怖神経症、パニック障害、強迫神経症、PTSD等）
・生理的障害および身体的要因に関連した行動症候群（摂食障害、非器質性睡眠

障害、性機能不全等）
・成人の人格および行動の障害（パーソナリティー障害、性同一性障害、性嗜好の障害等）
・知的障害〈精神遅滞〉
・心理的発達の障害（会話および言語の特異的発達障害、学習能力の特異的発達障害、運動機能の特異的発達障害等）
・小児〈児童〉期および青年期に通常発症する行動および情緒の障害（多動性障害、行為障害、チック障害等）
※精神障害がなぜ発症するのか、詳しい原因は現在の医学でも不明です
※精神障害者手帳所持者は、精神科通院者の過半数程度です

四　発達障害名

・広汎性発達障害（自閉症スペクトラム症、レット障害、自閉症等）
・注意欠陥・多動性障害（ＡＤ／ＨＤ）
・学習障害（ＬＤ）（聞く、話す、読む、書く、計算・推論することなどが極端に

困難な障害）

・知的障害を含む

※脳機能の発達のアンバランスであるといわれています

※児童・生徒の六・五パーセントが、発達障害の可能性があるとされます（文部科学省による二〇一二年の調査結果）

障害者総合支援法において、これら四つの障害に加えて、難病も支援の対象に指定されています。（指定三百三十二疾病）

※詳しくは、厚生労働省のホームページで検索できます

おわりに・励ましの言葉

教会は、誰にとっても来やすいというところではありません。宗教関係の場所ですし、キリスト教という、多くの人にはなじみのないところです。そしてそこで行われているのは、信仰に関するさまざまな集会です。それでも障害をもつ方が来てくださるというのには、きっと何かの訳があるのだと思います。さらには、教会は障害者やその家族の方を受け入れる予備知識も心備えもまずないといえるでしょう。こうした「場違い」のようなところに、障害者やその家族は、「かすかな期待」をもって訪ねて来られます。

教会は、キリストが「疲れた人、重荷を負った人は来なさい」との招きによって設立されたところです。ですから当然、その中に障害者や家族も含まれています。ただ、それに対する対応や準備が十分ではないのです。教会に来ている人の中に、障害理解をもった人や福祉関係の仕事をしている人もおられるでしょう。でも、それだけでは不十分です。現実を考えると、準備をしながら障害者を迎えるしかありません。それでもまず大切なことは、「来る場所を間違えた」とか、「ここに来てがっかりした」と思われないように、分からないなりに丁寧に対応する心をもつことです。少しずつ障害への理解も増し、人間関係もできてきます。そして、何よりも神さまが私たちの支援者であり、スーパーバイザーです。知識がなければ情報に学び、分からなければ本人に聞き、障害をもつ人たちが「居られる場所」にすることから始めましょう。「自分はここにいてもよい」との印象をもってもらうことです。障害に関する専門家は、教会が置かれた地域社会にいるでしょう。その人たちから、障害について、支援のしかたについて学べばよいのです。

障害者は一人で生きているのではありません。家族があり、同じ障害をもつ友人が支えになっています。教会はその中に加わるのです。障害者と向き合っていこうとすれば、行政も福祉事業所も保健所も、助言者になってくれます。教会はこれまで、教会に来ている人の私生活には何となく距離を取ってきましたが、障害をもつ人たちに対しては、そのスタンスではうまくいきません。信仰への導きと生活上の支援とを、同時進行で進めることになります。

教会の中に、障害者やその家族への支援を自分もやりたいと思っている人がおられると思いますので、まず牧師や役員から始めてみてください。教会は、良くも悪くも牧師が積極的に関わると、前向きな支援の雰囲気が生まれます。

障害者を支援することで、教会は課題もかかえるようになりますが、それと同時に人のつながりが強くなり、人間理解と地域とのつながりも深くなります。目の前にいる障害者や家族のお一人お一人を、孤独にさせないようにしましょう。

勝本正實

著者

勝本正實（かつもと・まさみ）

1950年（昭和25年）熊本県に生まれる。献身して聖契神学校に学ぶ中で、仏教に強い関心を持ち、伝道に役立てたいと願うようになる。

神学校卒業後、立正大学仏教学部（日蓮宗）を卒業。併せて僧階課程を修了。その後仏教大学で仏教学（浄土宗）を専攻。神道や民俗宗教の学びの必要を覚えて、神道宗教学会に加入し現在に至る。

郷里熊本で13年間伝道・牧会の後、1990年から千葉県流山市で開拓伝道を開始。のちに日本聖契キリスト教団に加入し、1996年から聖契神学校講師（比較宗教・日本教会史）を担当している。

伝道・牧会の中で障害者や高齢者にも使命を覚え、社会福祉法人（２か所）やNPO法人（３か所）を設立する。現在、障害者のための「自立サポートネット流山」の理事長と、ほかに３つの法人の役員を担当している。社会福祉士、精神保健福祉士、相談支援専門員の資格をそれぞれ取得。

現在、新秋津教会の協力牧師。

著書に『日本人の生活習慣とキリスト教』『日本人の「心」に福音をどう伝えるか』『日本人はなぜキリスト教を避けるのか』『日本の宗教行事にどう対応するか』『病める社会の病める教会』（以上いのちのことば社）等がある。

障害者と共に生きる教会をめざして

2018 年 4 月 20 日発行

著　者　勝本正實

印刷製本　シナノ印刷株式会社

発　行　いのちのことば社
〒164-0001 東京都中野区中野2-1-5
電話 03-5341-6922（編集）
03-5341-6920（営業）
FAX03-5341-6921
e-mail:support@wlpm.or.jp
http://www.wlpm.or.jp/

ISBN 978-4-264-03898-6